高质量发展建设共同富裕示范区研究丛书
中国社会科学院组织编写

基本公共服务均等化与高质量发展的浙江实践

王震 等著

中国社会科学出版社

图书在版编目（CIP）数据

基本公共服务均等化与高质量发展的浙江实践/王震等著. --北京：中国社会科学出版社，2024.10
（高质量发展建设共同富裕示范区研究丛书）
ISBN 978-7-5227-2687-8

Ⅰ.①基… Ⅱ.①王… Ⅲ.①共同富裕—研究—浙江 Ⅳ.①F127.55

中国国家版本馆 CIP 数据核字（2023）第 200510 号

出 版 人	赵剑英
责任编辑	党旺旺
责任校对	冯英爽
责任印制	王 超
出　　版	中国社会科学出版社
社　　址	北京鼓楼西大街甲 158 号
邮　　编	100720
网　　址	http://www.csspw.cn
发 行 部	010-84083685
门 市 部	010-84029450
经　　销	新华书店及其他书店
印　　刷	北京君升印刷有限公司
装　　订	廊坊市广阳区广增装订厂
版　　次	2024 年 10 月第 1 版
印　　次	2024 年 10 月第 1 次印刷
开　　本	710×1000　1/16
印　　张	12.75
字　　数	172 千字
定　　价	68.00 元

凡购买中国社会科学出版社图书，如有质量问题请与本社营销中心联系调换
电话：010-84083683
版权所有　侵权必究

总　　序

2021年，在迎来建党百年华诞的历史性时刻，党中央对推进共同富裕作出了分阶段推进的重要部署。其中意义非同小可的一条：浙江被明确为全国首个高质量发展建设共同富裕示范区，要在推进以人为核心的现代化、实现全体人民全面发展和社会全面进步的伟大变革中发挥先行和示范作用。于浙江而言，这既是党中央赋予的重大政治责任和光荣历史使命，也是前所未有的重大发展机遇。浙江发展注入了新的强劲动力！

理论是实践的先导，高质量发展建设共同富裕示范区离不开理论创新。基于理论先行的工作思路，2021年5月，中共浙江省委与中国社会科学院联合启动了"浙江省高质量发展建设共同富裕示范区研究"重大课题研究工作。

两年多来，课题组在深入调查、潜心研究的基础上，形成了由13部著作组成、约260万字篇幅的课题成果——"高质量发展建设共同富裕示范区研究丛书"。这套丛书不仅全景式展现了浙江深入学习习近平总书记关于共同富裕的重要论述精神，扎实落实《中共中央　国务院关于支持浙江高质量发展建设共同富裕示范区的意见》的工作实践，而且展现了浙江在全域共富、绿色共富、对外开放、金融发展、产业体系、数字经济、公共服务、养老保障等共同富裕不同方面的特点和基础，也展现了浙江围绕示范区建设边学边谋边干、经济社会高质量发展取得的一系列新突破。

由 13 部著作组成的这套丛书，各有各的侧重点。其中，李雪松等著的《浙江共同富裕研究：基础、监测与路径》，从共同富裕的科学内涵出发，分析了浙江高质量发展建设共同富裕示范区的基础条件，提出了共同富裕的指标体系和目标标准。魏后凯、年猛、王瑜等著的《迈向全域共富的浙江探索》，从城乡协调、区域协调和乡村振兴角度，阐述了浙江打造城乡区域协调发展引领区的经验做法。张永生、庄贵阳、郑艳等著的《浙江绿色共富：理念、路径与案例》，由"绿水青山就是金山银山"发展理念在浙江诞生的历程入手，系统阐述了浙江践行绿色发展道路、打造美丽浙江，实现生态经济和生态富民的生动实践。姚枝仲等著的《高水平对外开放推动共同富裕的浙江实践》，重点阐述了浙江在高水平开放推动自主创新、建设具有国际竞争力的现代产业体系、提升经济循环效率、实施开放的人才政策、促进城乡和区域协调发展、发展文化产业和丰富人民精神文化生活、实现生态文明和绿色发展等方面的成效。王震等著的《基本公共服务均等化与高质量发展的浙江实践》，从公共财政、公共教育、医疗卫生、养老服务、住房保障等若干角度阐述了浙江公共服务高质量发展和均等化，进而构建激励相容的公共服务治理模式的前行轨迹。张翼等著的《共同富裕与养老保障体系建设的浙江探索》，在系统分析浙江人口老龄化的现状与前景的同时，阐述了浙江养老保障体系建设的总体情况。张晓晶、李广子、张珩著的《金融发展和共同富裕：理论与实证》，剖析了金融发展和共同富裕的关系，阐述了浙江金融发展支持共同富裕的主要经验做法，梳理了金融发展支持共同富裕的政策发力点。张树华、陈承新等著的《党建引领建设共同富裕示范区的浙江探索》，重点阐述了浙江坚持和加强党的全面领导，凝聚全社会共同奋斗推进共同富裕示范区建设的突出特色。冯颜利等著的《精神生活共同富裕的浙江探索》，阐述了浙江在探索精神生活共同富裕、公共文化服务优质均衡发展等方面的突出成绩。黄群慧、邓曲恒等著的《以现代化产业体系建设推进共同富裕的浙江探索》,在分析现代化产业体系对共同富裕的促进作用基础上,阐述了浙江产业体系相对完备、实体经济发展强劲对于推进共同富裕的重要保障作用。都阳等著的《人口老龄化背景下高质量就业与共同富裕的浙江探索》,从分析人口老龄化背景下浙江就业发展的态势入手,梳理了浙江促进高质量就业面临的挑战和路径举措。夏杰长、刘奕等著的《数字经济和服务业高质量发展的浙江探索》,聚焦浙江数字经济和服务业高质量发展,系统探究了浙江数字经济和服务业高质量发展促进共同富裕的机理逻辑、现实探索和困难挑战等问题。汪德华、鲁建坤等著的《共同富裕与财税政策体系构建的浙江探索》,围绕财税体制和财税政策,阐述了浙江在资金直达基层、"钱随人走"制度改革、市县财政收入激励奖补机制、"一事一议"财政奖补体制等方面取得的重要进展。

应当说,"高质量发展建设共同富裕示范区研究丛书"的撰写,也是中国社会科学院建设中国特色新型智库、发挥智库作用的一次重要探索。中国社会科学院始终坚持学术研究与对策研究相结合,理论研究服务于党中央和国家的需要。作为为党中央和国家决策服务的思想库,只有回应时代的呼唤,认真研究解决重大理论和现实问题,才能真正把握住历史脉络,找到发展规律,真正履行使命,推动理论创新。

中国社会科学院和浙江省有着长期良好的合作传统和合作基础,这套丛书是中国社会科学院和浙江省合作研究的又一结晶。在此前的两次合作研究中,2007年"浙江经验与中国发展——科学发展观与和谐社会建设在浙江"(6卷本)和2014年"中国梦与浙江实践"系列丛书,产生了广泛而深远的社会影响。

中共浙江省委始终高度重视此项工作,省委主要领导多次作出批示,对课题研究提供了大力支持。中国社会科学院抽调了12个研究所(院)的研究骨干组成13个子课题组,多次深入浙江省实地调研。调研期间,合作双方克服新冠疫情带来的种种困难,其间的线上线下交流讨论、会议沟通不计其数。在此，我们要向付出辛勤劳动的各位课题组专家表示衷心感谢！

站在新的更高历史起点上，让我们继续奋力前行，不断谱写高质量发展建设共同富裕示范区浙江实践、共同富裕全国实践的新篇章。

"高质量发展建设共同富裕
示范区研究丛书"课题组
2024 年 1 月 3 日

前　言

基本公共服务的均等化既是推进共同富裕的重大理论命题，也是一个重大的政策实践问题。在中央关于扎实推进共同富裕的指示精神中，多次强调基本公共服务均等化，其重要性无须赘言。但更进一步的问题在于，基本公共服务的均等化是推进共同富裕的"起点"还是"终点"？所谓的"起点"指的是共同富裕进入政策实践所要求的条件，即在实现基本公共服务均等化的基础上推动共同富裕的政策实践；所谓的"终点"指的是通过共同富裕的政策实践最终实现基本公共服务的均等化。

要回答这个问题，需要跳出对公共服务的传统理解，从贯彻新发展理念、构建新发展格局、实现高质量发展的角度来理解公共服务。传统观点认为公共服务是经济系统的"纯消耗部门"，是"福利部门"，是"分蛋糕"的工具。在某种程度上还被当作"社会负担"。在经济不甚发达的阶段，包括在计划经济时期，在面临较为紧张的资源约束的情况下，这个观点有一定的道理。但在经济发展进入高质量发展阶段后，公共服务不仅不是"社会负担"，而是实现经济高质量发展的基础，是新的经济增长点。

首先，公共服务所包含的教育、医疗卫生、就业服务、社会保障、照料服务、文体服务等，是普遍性人力资本投资的主要途径。而人力资本的积累是一个地区、一个国家竞争力的核心，也是现代经济增长的核心。内生经济增长理论将人力资本投资作为现代经济增长的关键性变量，其含义也在于此。没有高质量的人力资本投资，要实现高质量发展就是一句空话。这一点也被发展经济学的经验所证实。

其次，构建新发展格局也需要将更多资源投入公共服务领域。经济发展的最终目标是满足人民群众的需求。随着经济发展到一定阶段，居民消费结构转化和升级，对制造业产品的需求占比下降，而对人力资本投资型服务的需求占比上升。人力资本投资型的服务主要就是科教文卫等公共服务。从OECD国家消费结构、产业结构和就业结构的发展历程看，在国民收入进入高收入阶段后，科教文卫等公共服务业已成为居民家庭消费的主要支出，在经济产出中所占的比重也超过了制造业，成为主要产出部门，以及主要的就业部门。从这一角度看，公共服务本身就是现代化经济体系的重要组成部分，是将经济发展放到内需上来的"启动机"。

最后，共同富裕不仅是共享发展成果，还意味着全体人民通过共同努力实现经济的高质量发展。从这个角度看，基本公共服务的均等化在推动共同富裕的进程中只是"任务的一半"；"另一半"还在于要实现公共服务的高质量发展，继而成为推动公共富裕的重要手段和途径。

浙江是中国经济发展的排头兵，也是高质量发展的典范。自"十二五"时期，浙江就将基本公共服务均等化作为重大战略措施纳入发展规划，不断提高对公共服务的投入。近年来浙江基本公共服务均等化实现度不断提升，从2010年的79.8%上升到2019年的98.7%，基本上实现了基本公共服务的均等化。在此基础上，浙江公共服务也进入高质量发展阶段。

近两年来，在建设共同富裕示范区的过程中，围绕公共服务的高质量发展，浙江进行了一系列的探索，形成了丰富的关于推动公共服务高质量发展的经验。本书的主旨即是在共同富裕的大背景下，对浙江推动全生命周期公共服务优质共享的各种做法和经验进行总结。

浙江公共服务高质量发展的政策框架是围绕提高公共服务的效率与质量展开的。对于公共服务的供给，传统上不论是从政策决策、执行还是研究的角度，主要的测度指标都是投入，特别是财政投入，并以此作为测度公共服务供给充足性和均衡性的主要指标。从高质量发展的角度看，公共服务的供给不仅要看投入，而且要看效率。如果没有有效率的服务产出，那么投入越多带来的负面影响也越大。西方福利国家特别是部分欧洲福利国家，对公共服务的投入不可谓不多，但其"高福利"一直面临不可持续性的困境，甚至成为一些福利国家经济增长乏力、社会不稳定的根源。究其原因，大量资源进入公共部门后其使用效率是下降的，投入越多整个社会资源运行的总效率也越低。这也是公共服务长期以来被认为是"消耗性部门""社会负担"的原因之一。

公共服务部门的效率较低，背后主要有两个原因：一是公共服务部门存在"成本膨胀趋势"。由于公共服务难以进行技术替代，劳动的单位产出长期不变或增长缓慢。教育、医疗、照料等都具有这个特征。二是公共服务的供给传统上主要是由公共部门提供，但公共部门的治理模式以科层制、行政化为特征，缺乏激励机制，从而导致效率低下。

浙江公共服务高质量发展的经验可以总结为"一体两翼"。"一体"指的是全生命周期公共服务的优质共享这一政策目标。而"两翼"则是提升公共服务供给效率与质量的两个途径，即解决上述成本膨胀与体制僵化带来的效率低下的两个途径。第一，通过引入"互联网+"等新技术，对公共服务的供给进行技术替代，克服服务供给的"成本病"，提高供给效率；第二，通过公共部门治理模式创新，破除行政僵化，构建激励相容的公共服务治理模式。

具体而言，一是数字赋能助力公共服务优质共享。数字技术的渗透与普及成为当前推动公共服务均等化、普惠化、高效化、便捷化的重要手段。公共资源的数字化供给通过突破服务供给的距离限制、区域限制及组织限制，大幅降低了公共服务的供给成本，提升了供给效率，优化了区域之间、城乡之间的资源配置效率。浙江的数字经济有良好的基础，数字技术在公共服务供给方面的应用已进入集成化、普及化的阶段。"浙里办"现已成为多种公共服务的集成服务平台。比如，"互联网+教育"加强城乡优质教育资源的共享，成为构建城乡教育共同体的主要依托。"健康大脑+智慧医疗"优化就诊流程、提高医疗服务可及性，实现全生命周期健康服务的连续化。还有依托数字技术的渗透建设未来社区，提高公共服务在社区的可及性，打通公共服务的"最后一公里"。

二是多元参与、激发多个主体的积极性，形成具有政府权责清晰、发挥市场机制、支持社会力量参与、调动群众自我服务积极性四个特征的浙江公共服务治理新机制。比如，在社会人员学历提升计划中，激发参与人自我管理的积极性；通过政府搭建平台引入商业医疗保险的"普惠保"；还有在未来社区建设中，通过党建引领，融合社区多种资源，形成以多方联动为基础、专业化运营为驱动的协同共建治理模式等。

本书对浙江推动公共服务高质量发展的经验总结，也遵循着"一体两翼"的逻辑框架展开。当然，对浙江公共服务高质量发展经验的总结应该说还是初步的、粗糙的，一些论断及观点还需要更多的证据。但对于公共服务高质量发展，特别是公共服务高质量发展如何推动共同富裕建设，本书仍不失为一个探索。本书更多是作为"抛砖引玉"中的"砖"，请各位读者对书中存在的问题与疏漏提出批评意见，继而也期望能够引发读者对公共服务高质量发展的一些思索。

王震
2024 年 5 月 25 日

目　　录

第一章　总论：公共服务高质量发展的浙江实践 …………… 1
　　第一节　浙江推进基本公共服务均等化的成效及经验 ………… 3
　　第二节　浙江推进公共服务高质量发展的政策框架 …………… 5
　　第三节　数字赋能助力优质公共服务均衡共享 ………………… 9
　　第四节　迈向"共建共享共治"的公共服务治理新模式 ……… 15
　　第五节　结论 ……………………………………………………… 23

**第二章　浙江财政支持公共服务高质量发展推动共同富裕的
　　　　　路径与举措** ………………………………………………… 25
　　第一节　财政视角下的公共服务均等化与高质量发展 ………… 26
　　第二节　浙江推进公共服务高质量发展和共同富裕基本
　　　　　　路径举措：财政政策与实践 ………………………… 28
　　第三节　浙江经验的提炼：财政助力高质量发展和
　　　　　　共同富裕 ………………………………………………… 39
　　第四节　浙江经验的完善：借鉴与启示 ………………………… 42

第三章　促进公共教育均等化的浙江经验与启示 ………………… 49
　　第一节　中国现代教育体系及发展状况 ………………………… 50
　　第二节　公共教育均等化的浙江成就及面临的问题 …………… 55
　　第三节　浙江促进公共教育均等化的经验与启示 ……………… 60

附录案例：促进公共教育均等化的浙江实践案例
　　　　　　——数字赋能　多方共建　助推教育优质
　　　　　　均衡发展 …………………………………………… 73

第四章　推动以健康为中心的医疗卫生服务高质量发展 ………… 81
　　第一节　基本公共服务和基本健康服务均等化的
　　　　　　内涵和评价 ……………………………………… 81
　　第二节　浙江健康服务高质量发展的现状和问题 ………… 84
　　第三节　推动基本健康服务均等化与高质量发展的
　　　　　　目标与政策 ……………………………………… 93
　　第四节　浙江推动健康服务高质量发展的主要
　　　　　　做法与经验 ……………………………………… 103
　　附录案例："西湖益联保"的探索实践 …………………… 114

第五章　共同富裕背景下养老服务的高质量发展 ………………… 119
　　第一节　老龄化与养老服务发展面临的挑战 ……………… 119
　　第二节　扩大养老服务供给、优化养老服务结构，
　　　　　　推动养老服务均等化 …………………………… 122
　　第三节　构建多方参与的养老服务供给体系 ……………… 128
　　第四节　利用数字化创新服务和管理手段，提升养老
　　　　　　服务效能 ………………………………………… 133
　　第五节　结论与政策建议 …………………………………… 135
　　附录案例：绍兴市养老服务发展面临的挑战 ……………… 137

第六章　共同富裕历程中住房保障的浙江经验 …………………… 140
　　第一节　浙江住房保障事业发展历程 ……………………… 141
　　第二节　浙江住房保障事业发展现状 ……………………… 151

第三节 共同富裕实现过程中浙江住房保障面临的
　　　　关键问题 …………………………………………… 160
第四节 以多元参与多渠道住房保障推动实现共同富裕 …… 162
附录案例一：住房保障公共服务数字化 ……………………… 165
附录案例二：多元参与保障性租赁住房供给 ………………… 166

第七章 浙江"未来社区"治理实践
——数字赋能与党建引领 ……………………………… 169
第一节 未来社区建设的重要意义 ……………………………… 169
第二节 未来社区建设的总体规划 ……………………………… 170
第三节 数字治理 ………………………………………………… 173
第四节 党建引领的多方共建 …………………………………… 178
第五节 结论 ……………………………………………………… 184

参考文献 ………………………………………………………… 187

后　记 …………………………………………………………… 189

第一章 总论：公共服务高质量发展的浙江实践

共同富裕是中国式现代化的主要特征。党的十九届五中全会提出扎实推进共同富裕的战略目标。党的二十大进一步明确了共同富裕在中国式现代化进程中的性质及要求，指出"共同富裕是中国特色社会主义的本质要求，也是一个长期的历史过程。我们坚持把实现人民对美好生活的向往作为现代化建设的出发点和落脚点，着力维护和促进社会公平正义，着力促进全体人民共同富裕，坚决防止两极分化"[①]。

共同富裕是一个多维度的概念，不仅是一个收入分配的问题，而且是经济、政治、文化、社会和生态的全面的共同富裕。在扎实推进共同富裕的进程中，公共服务的普及普惠既是共同富裕的主要内容，也是高质量发展基础上推进共同富裕的主要路径。完善的公共服务及社会保障体系是人民共享发展成果的重要制度安排，是应对社会风险、实现和谐稳定的基础，也是主要的人力资本投资途径。这既是发展经济学的一般性规律，也是中国改革开放四十多年来的主要经验。

2020年习近平总书记亲临浙江考察，赋予浙江"努力成为新时代全面展示中国特色社会主义制度优越性的重要窗口"的新目标新

---

① 习近平：《高举中国特色社会主义伟大旗帜 为全面建设社会主义现代化国家而团结奋斗——在中国共产党第二十次全国代表大会上的报告（2022年10月16日）》，人民出版社2022年版，第22页。

定位。2021年《中共中央 国务院关于支持浙江高质量发展建设共同富裕示范区的意见》提出了浙江率先实现共同富裕的目标，并提出了建设共同富裕所遵循的基本原则，要求在"更高水平上实现幼有所育、学有所教、劳有所得、病有所医、老有所养、住有所居、弱有所扶"。以此为标志，共同富裕开始成为政策实践。

浙江是中国经济发展的排头兵，也是高质量发展的典范。自"十二五"时期，浙江就将基本公共服务均等化作为重大战略措施纳入发展规划，不断提高对公共服务的投入。近年来浙江基本公共服务均等化实现度不断提升，从2010年的79.8%上升到2019年的98.7%，基本上实现了公共服务的均等化。在此基础上，浙江公共服务的发展也进入高质量发展阶段。浙江省委十四届七次全会强调，要努力建设好10个方面"重要窗口"，其中之一就是努力建设展示坚持以人民为中心、实现社会全面进步和人的全面发展的重要窗口。浙江省委十四届九次全会提出，人民对美好生活的向往是我们的奋斗目标，浙江高质量发展建设共同富裕示范区，要着力推动人的全生命周期服务优质共享，努力成为共建共享品质生活的省域范例。浙江省第十五次党代会报告提出，大力推进公共服务优质共享。

浙江省公共服务高质量发展的实践，一方面要继续深入推进基本公共服务均等化，率先解决发展不平衡不充分问题，走好共同富裕之路；另一方面要完善人的全生命周期基本公共服务供给机制和制度政策体系，推进公共服务的高质量发展。浙江省在推进基本公共服务均等化的基础上，着力实现公共服务高质量发展的政策实践是中国式现代化的重要内容，也同时为其他地区提供了可资借鉴的经验。本章即从总结浙江基本公共服务均等化的经验开始，进而梳理和分析浙江在建设共同富裕示范区的进程中，推动公共服务高质量发展的政策逻辑与实践。

浙江的政策实践主要包含了两条经验：一是推动公共服务高质量发展，要建立在技术创新上，建立在数字化的基础上，唯有如此才能极大地提高公共服务的供给效率，从而摆脱欧洲等一些福利主义国家陷入"福利主义陷阱"的巢窠；二是激发多个主体的积极性，政府、社会、市场、企业、家庭、个人都是公共服务的参与者、提供者，共同实现公共服务治理模式的现代化。

第一节 浙江推进基本公共服务均等化的成效及经验

一 浙江基本公共服务均等化的成效

自"十二五"时期，浙江就把基本公共服务均等化作为重大战略措施纳入发展规划，提出了基本公共服务均等化实现度的指标。2016年，省统计局根据省均等化领导小组办公室确定的任务，联合省发改委，对照《浙江省基本公共服务体系"十三五"规划》的具体内容，对基本公共服务均等化指标做了大幅调整。将原有基本生存服务、基本发展服务、基本环境服务、基本安全服务四大领域调整为基本公共教育、基本就业创业、基本社会保障、基本健康服务、基本生活服务、基本公共文化、基本环境保护、基本公共安全八大领域。评价体系中一级指标由35项增加到60项，其中，32项为浙江基本公共服务体系"十三五"规划的主要发展指标；调高6项保留指标目标值力求更加全面地反映城乡间、地区间和人群间基本公共服务均等化水平，从而建立与浙江省经济发展相适应的高水平基本公共服务体系。同时，增加3项公众评价到基本公共服务均等化实现度评价体系之中。

从结果看，浙江省11个市基本公共服务均等化实现度均有不同程度的提升，地区间实现度差异逐步缩小，趋于均衡发展。截至2019年，八大领域全部达到95%的规划目标，领域差异进一步收窄，呈现高实现度、均衡发展的趋势。总体上看，浙江省基本公共服务均等化实现度逐年稳步提高，2019年已经达到98.7%。可以说，浙江省基本公共服务均等化正在逐步实现，下一阶段的主要目标是将公共服务高质量发展落到实处，逐步实现"幼有善育、学有优教、劳有厚得、病有良医、老有颐养、住有宜居、弱有众扶"的新局面（见图1-1）。

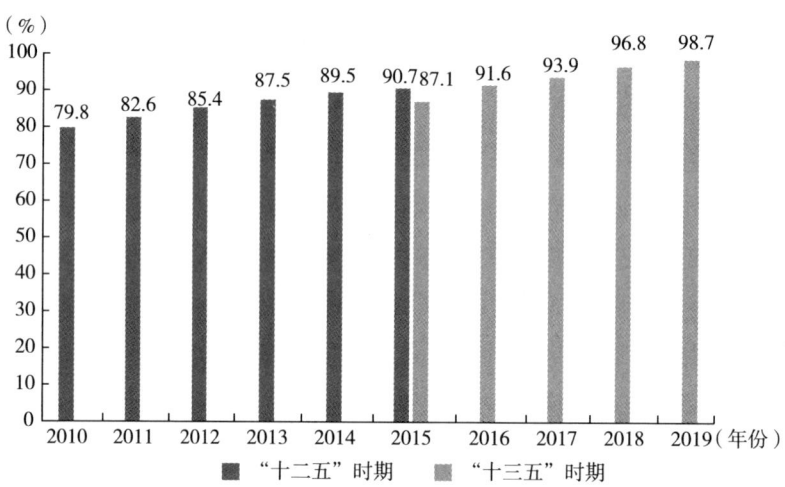

图1-1 浙江省基本公共服务均等化实现度

资料来源："十二五"时期基本公共服务均等化实现度来自浙江省统计局，http://tjj.zj.gov.cn/art/2018/11/23/art_1544537_33987475.html；"十三五"时期基本公共服务均等化实现度来自浙江省发改委，https://fzggw.zj.gov.cn/art/2020/11/11/art_1620998_58924262.html。

二 基本公共服务均等化的主要经验

浙江省一直重视基本公共服务"普惠性、保基本、均等化、可持续"的发展道路，基本经验可以归结为以下四点。

第一，提出基本公共服务均等化的发展定位应该从局域均等化上升为全域均等化。一方面，突出区域协调与区域均衡，不仅通过扎实推进新型城镇化建设、深入实施山海协作工程，辐射带动浙南、浙西南及省域周边地区基本公共服务均等化发展，同时还通过东西扶贫协作、对口合作等途径形成辐射力更强的跨省协同、东西均衡效应。另一方面，突出城乡协同与城乡均衡，建立更加完备及更高质量的城乡融合发展体制机制和政策体系，走出一条具有示范效应、引领效应的城乡基本公共服务均等化发展道路。

第二，准确把握两个"均等化"，平衡基本公共服务的投入与产出关系。一方面是面向受益人群的产出均等化，即所有公民都能够公平可及地获得所需的公共服务，且应该保障同类型公共服务在城乡、不同地域以及不同群体之间供给水平大致相同。在这个过程中，确保人人享有、公平可及。另一方面，从投入层面来看，确保公共资金投入的均等化，既要保证地方特别是基层政府间有大致均等的财政能力，又要将更多的财政资金投向民生相关的公共服务领域。

第三，兼顾"均衡"与"竞争"，完善政府间均等化财政转移支付机制。一方面，重视通过一般性财政转移支付实现地方特别是基层政府间的财力均衡，强化经济发展落后地区的公共服务财政供给能力。另一方面，积极探索市县层面上财政专项资金竞争性分配改革，引入有管理的竞争机制，强化专项资金在引导基层政府竞相提高基本公共服务供给标准与质量上的作用。

第四，强化治理能力，形成多元供给与治理协同的基本公共服务治理新模式。坚持政府在基本公共服务供给中的主体地位；同时在公共服务生产、递送各个环节充分激发市场与社群活力，依托政府与市场协同推动基本公共服务与非基本公共服务有序衔接，建立健全多层次、多样化公共服务供给机制。

第二节 浙江推进公共服务高质量发展的政策框架

一 共同富裕要求公共服务实现高质量发展

习近平总书记强调，共同富裕是中国式现代化的重要特征，高质量发展关系中国社会主义现代化建设全局，要在高质量发展中促进共同富裕。公共服务的普及普惠是实现共同富裕的基础条件，在此基础上公共服务还需要高质量发展。

一方面，高质量的公共服务是居民的迫切需求。中国社会主要矛盾已经转化为人民日益增长的美好生活需要和不平衡不充分的发展之间的矛盾，人民群众对美好生活更加向往，教育、医疗、养老、托育等公共服务保障水平成为影响人民群众获得感、幸福感、安全感的重要因素。在实现基本公共服务均等化的基础上，居民对公共服务的需求层次不断提高，尤其是对优质公共服务的需求不断上升。尤其是对浙江这样的经济社会发展程度较高的地区，优质公共服务供给不能满足需求的矛盾更为突出。

另一方面，高质量发展还意味着在公共服务供给上要实现高效率、高品质。从高质量发展的角度，公共服务的供给不仅要看投入，而且更要看效率。如果没有有效率的服务产出，那么投入越多带来的负面影响也越大。西方福利国家特别是部分欧洲福利国家，在公共服务上的投入不可谓不多，但其"高福利"一直面临不可持续性的困境，甚至成为一些福利国家经济增长乏力、社会不稳定的根源。究其原因，大量资源进入公共部门后其使用效率是下降的，投入越多整个社会资源运行的总效率也越低。这也是公共服务长期以来被认为是"消耗性部门""社会负担"的原因之一。

公共服务部门的效率较低，背后主要是两个原因：一是公共服务部门存在的"成本膨胀趋势"。由于公共服务难以进行技术替代，劳动的单位产出长期不变或增长缓慢，但从事这个行业的人员的工资却与社会平均工资相挂钩。这就导致在产出不变的情况下，人员工资快速上涨。这也被称为公共服务行业的"鲍莫尔成本病"。二是公共服务的供给传统上主要是由公共部门提供，但公共部门的治理模式以科层制、行政化为特征，缺乏激励机制，从而导致效率低下。

推动公共服务高质量发展，也要从解决上述两个问题入手。从浙江的探索看，浙江在引入"互联网+新技术"提高公共服务供给效率以及公共治理模式创新方面都进行了一些探索，且已初步形成了公共服务高质量发展的"浙江特色"，特别是在引入"互联网+"方面，更是领全国之先。

二 人的全生命周期的公共服务优质共享：浙江的探索

浙江省推进公共服务高质量发展有着良好基础。第一，浙江省在全区域内基本实现了公共服务均等化的目标。第二，浙江省经济长期向好，人民生活持续改善的物质基础日趋雄厚。第三，浙江省是一个人口流入大省，流动人员生存发展对公共服务的依赖性逐渐增强。第四，大数据、人工智能等新技术手段在浙江省发展迅猛，科技助推公共服务高质量发展能力强劲。

基于公共服务高质量发展的内在必然性，以及浙江的优良基础，浙江省委确立了"人的全生命周期服务优质共享"的公共服务高质量发展目标。省委全会指出，共同富裕美好社会是人的全生命周期公共服务优质共享的社会形态，要有效扩大高品质公共服务供给，有效破解优质公共服务共享难题，显著提升公共服务质效，形成群众看得见、摸得着、体会得到的幸福图景。

人的全生命周期的公共服务优质共享，意味着高效、公平、均等的公共服务贯穿了每个人的成长周期，在幼有所育、学有所教、劳有所得、病有所医、老有所养、住有所居、弱有所扶上持续取得新进展，让人民群众能公平地共享改革发展的制度成果和实践成果，激发人民群众的积极性、主动性、创造性，在公共服务的优质共享中不断推进生产发展与社会进步。浙江省提出的具体建设目标有以下几点。

第一，大力度建设教育强省，率先实现基础教育均衡优质、高等教育高水平普及和普惠性人力资本提升，加快推进职业教育现代化，支持高校"双一流"建设，以新机制新建成一批高水平大学。

第二，深化健康浙江建设，构建全民全程健康服务体系，着力加强基层医疗卫生体系建设，全面建设高水平县级医院，加快建设国家医学中心、中医药综合改革示范区，打造公共卫生最安全省份。

第三，积极应对人口老龄化，探索"一老一小"整体解决方案，完善普惠性养老、育儿服务和政策体系。

第四，探索构建共富型大社保体系。积极稳妥推进企业职工基本养老保险提标扩面，完善城乡居民基本养老保险制度，推动个人养老金发展，健全多层次医疗保障体系，发展惠民型商业补充医疗保险，探索建立长期护理保险制度，探索保障性住房建设模式，完善退役军人服务保障体系，健全新时代社会救助体系，提升残疾人等困难群体保障服务水平，逐步缩小职工与居民、城市与农村的社保筹资和待遇差距。

第五，加快构建橄榄型社会结构。探索构建初次分配、再分配、三次分配协调配套的基础性制度安排，全面实施"扩中""提低"行动，完善高质量就业创业体系，确保零就业家庭动态清零，构建新型慈善体系，推动更多低收入群体进入中等收入群体行列。

第六，全省推进共同富裕现代化基本单元建设。一体推进城乡风貌整治提升和未来社区未来乡村建设，深化城乡规划建设机制改革，探索基层公共服务新模式，加快城乡社区现代化建设，构建居民幸福共同体。

在具体做法上，浙江的探索紧紧抓住两个线索：一是数字赋能公共服务高质量发展，二是多元参与，激发多个主体的积极性，构建适应共同富裕的公共服务供给治理新模式。一方面，充分利用浙江数字化改革的优势，形成公共服务领域的"数治"成果。运用大数据平台和信息技术，实现公共服务需求端与供给端的精准对接，提高公共服务的有效性，进一步完善精准化、智能化的公共服务体系。另一方面，加强政府引导，鼓励市场和社会组织参与，充实公共服务的多层次供应。政府负责基本公共服务领域的兜底功能，满足可及性、普惠性、公平性的要求，而基于人们不同需求层次的个性化服务则由市场和社会提供。本章第三、第四两节，通过具体案例，介绍、总结了浙江省数字赋能与多元参与的实践经验。

第三节　数字赋能助力优质公共服务均衡共享

近年来，以互联网、云计算、大数据、人工智能等为代表的数字技术不断发展，数字技术的渗透与普及成为推动公共服务均等化、普惠化、高效化、便捷化的重要手段。公共服务资源的数字化供给（如智慧教育、数字健康等），能够大幅降低公共服务的供给成本，提升供给效率，优化区域之间、城乡之间的公共服务资源配置。随着互联网、大数据、人工智能等技术的广泛应用，公共服务逐步实现了移动化、智能化。"掌上办""指尖办"成为政务服务标配，"一网通办""异地可办""跨省通办"越来越普及，大大提升了公共服务的可及性。

浙江有很好的数字化基础。早在2003年，时任浙江省委书记的习近平同志以极具前瞻性的战略眼光提出"数字浙江"建设，其后历届省委接续奋斗。近年来，浙江省先后出台了《浙江省数字经济促进条例》《浙江省数字化改革总体方案》《浙江省数字经济发展"十四五"规划》《浙江省数字化改革标准化体系建设方案（2021—2025年）》等政策文件，围绕建设"数字浙江"的总目标，把数字化、一体化、现代化贯穿到党的领导和经济、政治、文化、社会、生态文明建设全过程各方面。

在推动政府数字化转型的过程中，"浙里办"这款高度集成化的政务服务App是一面代表性旗帜。"浙里办"于2014年6月25日上线，是浙江数字化改革面向企业、群众的总入口，现已集成公积金提取、入学报名、助企纾困、一老一小、教育缴费、疫苗接种、企业开办等1500项便民惠企服务，实现"网上一站办、大厅就近办、基层帮你办、全省统一办"。2022年7月实名注册用户突破8200万，日均280万人通过"浙里办"办理相关业务。随着不断更新完善,"长辈版"、亲友代办、无障碍阅读等服务相继推出。

本小节通过"互联网+教育""健康大脑+智慧医疗""未来社区"三个典型案例(都以"浙里办"为依托),介绍浙江省通过数字化建设,支撑全生命周期公共服务,满足群众对高层次、多样化、均等化公共服务需求的先行实践。

一 互联网助力公共教育资源均等化

浙江省在推进教育均等化的过程中,不仅着力标准化学校建设,实现"硬件"的均衡配置,也注重依托互联网等信息技术优势,促进优质教育资源共建共享。

第一,发展在线教育,扩容优质教育资源。通过建设新时代城乡教育共同体智慧服务平台、职业教育产教融合智慧云平台、高校智慧思政平台和全民数字学习平台等"互联网+教育"一站式服务平台,将优质课程上传至各大服务平台,实现优质教育资源的线上全民共享。同时,推广个性化教学的互联网学校,推进"名校上云",推出"名师金课",开展数字家教应用,全面普及"一校一师一生一空间",每年全省超过25万名教师参与资源共建共享,年度在线访问量超过10亿人次。

鼓励社会机构的优质在线课程资源引入课堂教学,逐步探索构建"公益+市场"的双轨机制,规范在线教育治理,推进在线教育可持续发展,如浙江省联合新华社、省检察院和省科协等多个部门,共享300余节社会课程资源。并于2023年推出"百名科学家进中小学课堂"系列综合育人课程。线上邀请中国科学院院士、西湖大学校长施一公教授开讲"科学第一课",实现全省6500多所中小学500多万名师生同上一堂课。通过加速发展高质量在线教育,实现线上优质教育资源的有效扩容。

第二,依托线上帮扶,加强城乡优质教育资源共享。用数字化技术创新实现城乡主体间的结对帮扶，推动城乡优质教育资源的共享。2019年，浙江省人民政府全面推进"互联网+义务教育"，创新利用"互联网+"等信息化手段，进一步探索城乡义务教育一体化发展的体制机制。全省1458所学校参与"互联网+义务教育"有效结对帮扶，建立了县域内城乡、市域内跨县、省域内跨市的三种城乡学校结对模式。2021年，浙江省"互联网+义务教育"项目实现所有乡村小学和乡村薄弱初中学校结对帮扶的全覆盖。以互联网为依托的融合型、共建型、协作型三种模式的城乡教育共同体建设，通过城乡同步课堂、远程专递课堂、教师网络研修、名师网课观摩四种形式，实现城乡学校硬件同步升级、学生同师授课、教师同台竞艺、学校同等发展，进一步推动城镇优质教育资源下沉，整体提升乡村学校教育质量和办学水平。

浙江省坚持抓牢优质公共教育资源共享的主线，通过"互联网+"和"大数据"的技术创新，有效地实现优质公共教育资源的扩容、共享和下沉。数字化改革和数字赋能极大地推动了浙江省基本公共教育服务均等化和教育优质发展。

二 "互联网+医疗"——"健康大脑+智慧医疗"

"浙里健康"是浙江高质量发展建设共同富裕示范区的一张"金名片"，其核心是围绕"健康大脑+智慧医疗"体系打造的线上线下一体化、智能化、全方位数智医疗健康服务体系。"健康大脑+智慧医疗"是浙江省在2021年提出的建设目标，并明确了"1+3+N"的健康大脑总体框架，即"一个健康大脑，三个子领域：智慧医疗、数字健康管理、智慧公卫，以及N个多跨场景应用"。《浙江高质量发展建设共同富裕示范区实施方案（2021—2025年）》中明确提出："全省域推行'健康大脑+智慧医疗'，迭代升级'互联网+医疗健康'新服务，率先推进健康多跨场景应用。""健康大脑+智慧医疗"依托卫生专网和医疗机构信息系统，以"浙里办"为主要载体，极大地解决了就医时遇到的"挂号难""支付难""检查难""购药难"的问题。

第一，通过"健康大脑"归集全省各级各类医疗机构门诊号源资源，形成全省统一号源池，通过手机、网站、座席等多渠道面向社会提供分时段精准预约挂号。通过数字化的号源归集，首先能够将优质号源下沉到基层，引导群众首诊落实在基层，助力分级诊疗制度建设。

第二，通过将国家卫生健康委发行的电子健康卡和国家人社部签发的电子社保卡合二为一，在"浙里办"融合成"健康医保卡"，实现看病和结算的"一码通"。"一码通"以一个二维码替代了以往就医需要的社保卡、市民卡和各医院的就诊卡，聚合了支付载体，通过扫码付和移动付减少缴费排队，能方便家人帮助老人、小孩完成结算。同时，基于"一码通"建立的患者信用管理体系，使"医后付""信用付"等新型医疗费用结算模式得以实施，实现了诊间不付费直接检查、化验和取药，看完病后一次支付，助推构建安全、通畅的资金流通机制。

第三，"健康大脑"驱动医疗检查数据采集、流转、交换、共享互认，实现流程标准化、资源集约化、服务人性化。"健康大脑"对接各级各类医院信息系统，形成全省统一检查资源池。患者能够一键获取检查排班，一键完成分时预约和临时改约。检查资料一站互认的数智医改模式，实现检查结果一网查询、依规互认，并通过"浙里办"对外授权认证下开放，群众可随时查看自己名下6个月以内的各类检查报告和影像。

第四，互联网助力慢性病健康管理。长期以来，"因药就医"是慢性病患者面临的主要问题，对面诊购药、复诊续方以及诊后服务等方面的便捷性有极大需求。浙江省互联网医院平台是全国首个"服务+监管"一体化的互联网医院平台，为患者提供便捷线上医疗服务，成为医疗机构提供互联网医院、互联网诊疗建设的重要基础设施。"互联网+医疗"为患者提供图文咨询、电话问诊、视频问诊、在线处方等服务。同时,"互联网+药事"基于互联网医院平台和处方流转平台,实现"药品线上浏览、在线支付、线下配送"的O2O模式,切实推动医疗、医药、医保三医联动,使群众购药更加安全、便捷,切实增强群众购药的安全感、满意度。

另外智慧医疗、数字健康管理、智慧公卫的场景应用正逐步向家庭医生、养老保障等民生领域拓展。义乌市推出了"数字家医"模块,整合基本公共卫生服务、签约服务、医疗服务及综合办公等功能于一体的卫生健康掌中服务平台。家庭医生团队成员通过"数字家医",可以完成居民健康档案、专病档案管理、两慢病随访,支持医生在线进行健康咨询、续方处理、退诊审核、诊疗信息查询、转诊预约、出院回访,查询居民签约状态、签约服务享受情况、未及时续方情况以及团队成员工作情况。绍兴市则探索"居家社区+机构+智慧养老"新模式,把智能终端推广到老年人的日常生活中,特别是身体状态监控、防跌倒、防走失等应用场景,为老年人提供了精准化、个性化、专业化的服务,推动养老服务供给侧优质"产出"。

三 未来社区:数字赋能社区建设

2019年1月,浙江省政府工作报告中首次提出"未来社区"概念,旨在打造人本化、生态化、数字化的新型生活单元。同年浙江省政府先后印发《浙江省未来社区建设试点工作方案》《浙江省首批未来社区试点创建项目建议名单公示》《关于高质量加快推进未来社区试点建设工作的意见》等一系列政策文件,围绕"未来社区"提出了"139"系统框架,即以人民美好生活向往为中心,以人本化、生态化、数字化为价值导向,以和睦共治、绿色集约、智慧共享为基本内涵,构建未来邻里、教育、健康、创业、建筑、交通、低碳、服务和治理九大场景。开展未来社区建设,是忠实践行"八八战略"、奋力打造共同富裕"重要窗口"的内在要求，是构建以人为核心的城市现代化平台、满足人民对美好生活向往的重要举措。

未来社区建设要"数""治"结合，我们在本小节介绍浙江未来社区数字赋能的"智理"实践。党建引领、社会协同、居民参与的"治理"实践在下一小节介绍。

第一，深化数字技术在日常生活中的应用。未来社区试点大多已经实现居民"刷脸"回家，到访人、车相关信息的"云"端监控和数据存储。社区便民站中普及自助诊疗仪器、智能洗衣柜、智能回收站等设备。结合"最多跑一次"改革和政府数字化转型，养老、医疗保险、社会保障等71项高频服务事项可以通过手机App系统实现网上审批和盖章，提升了"指尖上"的服务效率。社区网络交互平台的建设，以数字化分享居民日常生活场景，重铸有市井味、人情味、烟火味的人际关系。

第二，通过社区服务平台，探索社区居民依托平台集体选择有关配套服务。例如，"平台+管家"物业服务模式，费用收取遵循"基本物业服务免费，增值服务收费"的原则。共享停车模式解决停车难、出行不便的问题，并能够减少停车位，为社区腾出大量可利用的公共空间。

第三，推进未来社区数字标准化工作，提升整体智治水平。在保证数据安全、做好风险管控前提下，各个未来社区都建设了信息数据平台，大量场景应用的数据基于省公共数据平台通过社区数字化操作系统共享。例如，社区内党员、"两代表一委员"人员信息的整合是打造共建共治共享"现代社区"的关键钥匙。

数字经济的发展在助力公共服务高质量发展的同时也成为浙江经济发展的新增长点，成为浙江现代经济体系的重要组成部分。在浙江打造未来社区的过程中，涌现出大批龙头企业。阿里云推出了ET城市大脑的智能城市解决方案，已成功在杭州、上海、雄安等城市落地；网易云在智慧教育和智慧医疗领域已形成了场景化的解决方案；海康威视和浙江大华两家企业占据全国安防领域将近60%的市场；新华三集团推出"数字大脑计划"，在智慧校园、智能家居等领域成为行业领军者。许多传统行业的企业也纷纷踏足数字经济，比如吉利汽车在智慧出行、绿城在智慧物业领域都有迅猛的发展势头。而未来社区所设想的场景将这些领域全部容纳其中，不仅如此，绿色建筑、新能源汽车、光伏发电等各色新兴产业也被整合进来。

第四节 迈向"共建共享共治"的公共服务治理新模式

公共服务从筹资到服务的提供还需要经过一个生产和递送的过程才能到达居民手中。这个生产和递送过程涉及公共服务供给的治理问题，即在现有资源下如何组织、管理以及与作为消费者的居民互动的过程。理论上，存在公共部门、市场制、自组织三种不同的公共服务治理模式。

每种治理模式都有其固有问题。公共部门提供公共服务，存在科层制管控的现象，缺乏相应的激励机制，从而导致公共部门的僵化与低效率。市场制则有"撇脂"行为，也即只对利润率较高的地区提供公共服务，或只参与到利润率较高的公共服务供给中。自组织供给则往往是区域性的，具有一定排他性，不承担普遍服务义务。因此公共服务的治理模式选择需要因时因地因事而异，在实践中探索与公共服务高质量目标相匹配的治理结构。

同时，依赖单一治理模式提供公共服务往往会遇到价格、质量、可及性的"不可能三角"问题，也即公共服务的高质量、低价格、高覆盖不可兼得。以医疗保障体系为例，英国的全民健保体系以"大病医治，小病自治"为原则，牺牲了医疗服务的可及性；美国的商业医疗保障体系则以高价格闻名于世，66.5%的个人破产是由于医疗问题。因此，培育多元治理主体，构建共建共享共治的治理模式，是实现公共服务发展兼具均等、普惠、高质量的必由之路（见图1-2）。

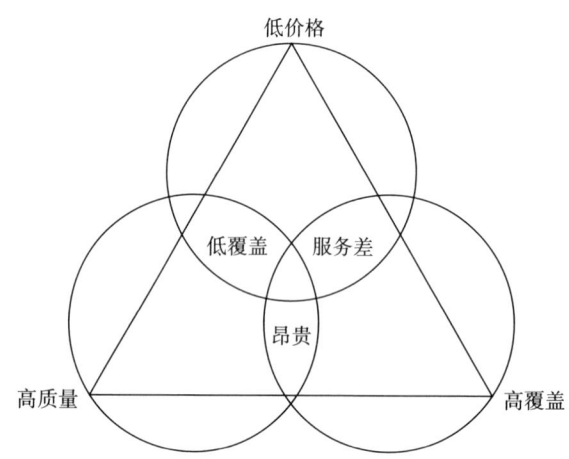

图1-2 单一治理模式的"不可能三角"

下文通过"社会人员学历提升行动""西湖益联保""浙有众扶""未来社区"四个案例，介绍浙江省探索厘清政府权责边界、发挥市场机制作用、支持社会力量参与、调动群众自我服务积极性方面的实践。

一 社会人员学历提升行动：受益人的自我治理

人力资本的积累是中国经济、社会发展以及提升国际竞争力的重要基础和动力，更是满足人民对教育美好期盼的重要方面。与其他公共服务相比，教育更加强调受教育人自身的积极性和能动性。因此，政府应当保障全民学习和终身学习的机会，并有相应的机制和手段促进全民在教育领域的自我治理。为探索终身学习型社会的浙江示范，提升社会各群体尤其是低学历群体的学历层次和受教育水平，有效开发人力资本，服务共同富裕示范区建设，浙江省制定并实施了社会人员学历提升行动计划。

社会人员学历提升行动依托全省中职学校、成人中专（电视中专)、乡镇（街道）成人文化技术学校（社区学校）、符合条件的企业职工学校、社会培训机构等，通过实施初高中两级成人"双证制"教育培训，采取线上线下、理论技能相结合的学习方式，将有学习意愿的相关社会人员学历提升到成人初中或成人高中层次。在管理上，建立统一的管理平台，管理入学注册、学习记录、课程考试、学分认定和成绩证明等，实现社会人员随时随学随认。社会学习者学完规定的必修课程，并通过全省统一的测试，由学分银行出具成人初高中对应层次课程成绩合格证明，经各市教育局审核，可直接作为成人初高中学历证书相关课程成绩。由浙江开放大学牵头，依托数字浙江建设，进一步健全"学分银行"制度，完善学分银行管理平台建设，扩大学习成果认定覆盖面，为社会学习者开设学分银行账户，建立学习成果登记、认定、存储与累积制度，形成个人可信数字学习档案。建立和完善学习成果转换互认机制，为符合条件的学习者提供学习成果学分认证和转换，为社会人员学历提升工作搭建终身学习"立交桥"。

为了鼓励民众参与和自我治理，学历提升行动对现有专业进行职业化改造，增设契合社会人员职业发展需求和个人自我发展需求的相关专业。加强成人中专、成人大专、成人本科人才培养方案的一体化设计，注重学历与非学历教育课程的融通性，提高教学内容与职业岗位适应性匹配度。进一步扩大面向社会人员的成人单考单招规模。根据不同学历层次的基本要求，结合社会人员的工作和生活实际，依托"浙江学习网"，开发成人初中、成人高中和职业技能培训等相应课程在线学习子平台，支持服务社会人员在线学习和教学教务管理，并衔接应用高校在线精品课程共享平台。与此同时，积极推动地方人民政府建立和完善社会人员学历提升政策保障，完善学历积分入户制度等相关激励措施，增强外来务工人员归属感。加强社会人员学历提升工作经费保障，根据《浙江省人民政府办公厅关于开展成人双证制教育培训工作的通知》规定，落实成人"双证制"教育培训经费及相关工作。鼓励各地创造条件争取对大专及以上学历提升的给予补助,积极推动落实企业依法履行职工教育培训和足额提取教育培训经费的责任,鼓励和倡导企业出台支持职工参与学历和技能提升激励政策,包括安排时间确保职工参与学历和技能提升并进行经费补助,对取得学历人员,根据成绩与学习表现给予一定补助和适当奖励。

社会人员学历提升行动完善了学习型社会建设的体制和机制。第一,健全终身学习经费保障机制、经费分配机制以及对重点人群参与终身学习的倾斜支持力。第二,建成各级各类教育纵向衔接、横向沟通、协调发展的人才成长"立交桥",满足全民终身学习、全面发展的需求。第三,明确政府、学校、社会和个人在终身学习方面的权利和责任,强调了公共服务收益人的主体责任,激发了自我治理的动力。

二 "西湖益联保":市场力量与政府的结合

杭州市已基本建成了以基本医疗保险为主体,大病保险为延伸,医疗救助为托底,各类补充医疗保险共同发展的全覆盖、多层次城乡统筹医疗保障体系。在医保市级统筹后,杭州市域范围实现了"制度政策统一、基金统收统支、管理服务一体"。在普惠性、基础性、兜底性医疗服务需求基本得到满足的基础上,杭州市充分调动市场主体的积极性,推出了普惠型补充保险——"西湖益联保",向"病有良医"迈出了坚实的一步。

2020年12月,杭州市医疗保障局会同有关部门,通过公开招标的方式,综合权衡商业保险机构服务能力、政保合作承办经验和综合实力等因素,确定中国人寿、人保财险、太平洋寿险、泰康人寿、平安产险5家商业保险公司。承保公司以共保体的形式负责承办,有效规避恶性价格竞争;其日常运作接受浙江省医保、银保监部门和杭州市医保等相关部门的监督指导;承保公司以三年为一个承办周期,当年保费收入扣除理赔支出以及合理利润后出现结余的,则滚存到下一年度使用;当年保费收入不足支付理赔费用的,则由共保体先行垫付,下一年度通过调整产品方案再予以解决。因此,"西湖益联保"抗风险偿付能力强于市场上其他商业健康保险产品,能更好地维护参保群众医疗保障利益。2021年度共保体公司运营支出约占总保费的7.08%,收支结余符合保本微利的产品设计目标。

"西湖益联保"强调产品的惠民属性。第一,坚持广覆盖原则。将浙江省本级和杭州市基本医疗保险参保人员全部纳入保障范围,覆盖城乡,涵盖所有年龄段人群,不设置既往病史、健康状况等限制投保条件。保障涵盖医保目录内大病补充,住院和规定病种门诊医保目录外药品、材料补充保障,特定肿瘤及危重症创新药品、耗材保障,罕见病专项药品保障等保障责任,并且保障范围不断扩大和优化。第二,保费标准适宜。每人每年150元,总保障额度达300万元。第三,明确困难群众资助参保政策。对特困、低保、残保人员全额资助参保;对低边人员,由各区、县(市)政府结合实际按不低于每人保费的50%确定资助标准,各地为困难人员办理集体参保手续。第四,理赔便捷。患者在定点医疗机构可以刷卡实时享受基本医疗保险和"西湖益联保"的报销待遇。对于创新药品及罕见病药品,参保人员可通过"西湖益联保"微信公众号的理赔模块,选择预约购药直付和事后报销两种方式进行理赔,其中预约购药直付方式,在领药时仅需支付个人承担部分的费用。

通过强化"西湖益联保"同基本医疗保障的协同作用,切实减轻了患者,特别是重特大疾病患者的就医负担。2021年,"西湖益联保"总体赔付6.25万人,48.19万人次,赔付5.41亿元,其中,困难群众赔付0.52万人,赔付0.50亿元。

"西湖益联保"是浙江普惠性非基本公共服务实现提质扩容的典型案例。紧扣人民群众"看病贵"的突出问题,坚持社会效益优先,充分激发市场主体参与到普惠性非基本公共服务的供给中,使公共服务内容更加丰富、获取方式更加便捷，推动了普惠性非基本公共服务付费可享有、价格可承受、质量有保障、安全有监管。

三 "浙有众扶"：激发多元慈善活力

社会救助是社会保障体系的重要组成部分，是国家和社会对陷入生存困境的公民给予财物接济和生活扶助，以保障其最低生活需要的制度。社会救助事业高质量发展是推进共同富裕的有力兜底保障。浙江省在"扩中""提低"的总体要求下，通过完善政策制度，强化数字赋能，加大创新力度，拓展服务项目，不断提升社会救助保障水平。在继续发挥政府主导作用基础上，浙江省提出了"浙有众扶"的救助体系建设，推动市场力量、社会资源来满足不同困难群众的多元化需求。"浙有众扶"改革是多元主体推动公共服务高质量发展的优秀实践。

为从"弱有所扶"到"弱有众扶"，"众"突出了多元参与在高质量社会救助建设中的重要性。"浙有众扶"提供了宝贵的可推广经验。

第一，加强培育慈善主体。浙江省的慈善基地实现省市县三级覆盖，为孵化慈善组织、项目和人才搭建平台，省财政设立2000万元财政引导资金支持慈善组织发展。适当放宽要求、降低门槛，鼓励支持更多的企业家、爱心人士参与设立社区基金会或企业基金会。

第二，通过优化财税支持，让捐赠主体依法便捷合理享受税收优惠。民政、财政、税务部门共同推动慈善组织完成登记和认定同步开展公益性捐赠税前扣除资格和非营利组织免税资格认定，延长公益性捐赠税前扣除资格有效期等工作。目前已认定647家具备公益性捐赠税前扣除资格的社会组织和群众团体，并将税前扣除资格有效期延长至3年。浙江省目前登记认定慈善组织1364家，居全国第二。

第三，构建完善激励体系。自2018年11月明确省人民政府设立"浙江慈善奖"以来，累计表彰先进个人300个、慈善机构202个、慈善项目210个。2022年底将实现省、市、县三级"政府慈善奖"褒奖体系的全覆盖。2021年6月，出台了《浙江省志愿者激励办法（试行）》完善了志愿服务政策体系。通过举办志愿服务交流大会、志愿服务典型系列推选、志愿者日宣传等活动，激发志愿者的活力。2022年，浙江省全国社会工作者职业资格考试报名人数达17.06万人，连续3年位居全国第一；持证社会工作者人数从2012年的7250人发展为11.2万人，迅猛增长近15倍，数量位居全国第二。

第四，发展慈善信托。"金融+救助"拓延救助资源募集领域，鼓励企业家运用慈善信托方式参与慈善活动，与慈善组织开展合作，发挥各自优势，能够促进慈善资源最大化、慈善帮扶专业化。杭州设立了慈善信托专项试点，推动慈善组织向慈善信托委托人直接开具公益性捐赠票据，使慈善信托委托人能够享受税收抵扣优惠。杭州市先后出台了《高质量发展慈善信托专项改革试点方案（2021—2025年）》和《关于通过慈善信托方式开展公益性捐赠有关问题的通知》，允许慈善组织向慈善信托委托人直接开具公益性捐赠税前扣除票据，并成功落地全国首张有政策文件支持的捐赠票据开立。截至2022年浙江省累计慈善信托备案195单，资产规模达到11.93亿元，位居全国第一。

第五，数字化改革推动全民参与。"支付宝公益""善园网""亲青筹"等一批网络募捐平台发展势头强劲，有力地提升了慈善帮扶精准度、透明度和便捷度，打造便民慈善的"指尖公益"。目前已有511家慈善组织按照标准上线"浙里有善"应用，上架慈善项目714个，汇集401条有效需求，实现了慈善资源精准的需求。

"浙有众扶"极大地激发了多元慈善活力，加快处处有善、时时可善、人人向善体系的构建。一方面，政府、市场、社会等慈善力量，得到了积极引导和有机统筹，极大地拓展了"谁来帮"的参与主体。另一方面，专业组织、慈善力量、爱心企业和人士等资源得到整合，分工提供探访照料、精神慰藉、人文关怀、能力提升等各类服务,为困难群众提供多样性的救助帮扶服务,"帮什么"更加专业和多样。

四 未来社区:党建引领的多方共建

上一小节我们介绍了浙江未来社区建设中数字赋能的相关实践,本小节我们聚焦于基层社区治理。浙江在未来社区的建设中,坚持以党建引领为核心、五社(社区、社工、社会组织、社会企业、社会高校)联动为基础、专业化运营为驱动的协同共建治理模式。

第一,充分发挥基层党组织的领导核心作用,依靠党的政治优势和组织优势,以党建促治理,充分发挥基层党组织在基层社会治理体系中的核心作用。一是围绕社区中心党委、社区党组织、共建单位党组织,充分发挥党的组织协调优势。吸引央企、国资、部委相关资源投入社区建设中,实现共赢互惠。二是坚持党组织的全域覆盖,社区党总支、小区党支部、楼道党小组构成了覆盖社区治理各领域的坚强组织网格。三是把政治素质、协调能力、服务水平、作风品行过硬的优秀人才选到社区党组织书记岗位,以带头人凝聚党员、"两代表一委员"、群众积极参与到社区治理的工作中。

第二,以政府有为确保市场有效,充分调动市场主体的积极性,共谋共商共建未来社区,把提供公共服务可持续性作为主攻方向。成立了由阿里巴巴牵头、300多家企业组成的未来社区产业联盟,成立了由省发展规划研究院牵头、25家大院名校组成的未来社区发展研究中心,并实现实体化运作,以市场方式集聚各方力量。目前,产业联盟已建立"九大场景"企业库和场景解决方案供应库;发展研究中心深度参与政策制定、标准迭代、试点遴选等工作,有力地推动了试点建设。

第三,大力推动专业化社区工作者、社会组织参与社区治理。浙江省目前有近20万名城乡社区工作者参与到社区治理工作中。未来社区的试点为登记注册、业务申请和项目推进等服务便利,构建区、街道、社区三级联动的组织孵化平台，积极培育发展社区社会组织。以社区有场地、公益出服务的模式，与动员志愿者、专业化公益组织协同共建未来社区。

第四，群众自治机制建设进一步深化。始终坚持把居民满意度、获得感和方便宜居作为未来社区建设的评价指标。以数字化平台为契机，拓展公众建言献策渠道，把社会期盼和群众智慧吸收到建设方案中。推行居民互助自治，建立积分换服务、服务换积分机制，探索"时间银行"等居民互助模式。鼓励通过社区基金会等公益性组织，对社区居民自治和公益性活动予以支持。

未来社区的建设不仅是浙江数字社会建设的重要载体，更是推进未来社区治理的重要实践。以党建引领为核心、五社联动为基础、专业化运营为驱动的协同共建治理模式，显著提升社区治理效能，为社区治理多元化、服务现代化、功能精准化、参与常态化提供现实路径。

第五节 结论

浙江省在探索全生命周期公共服务高质量发展中，初步形成了以"互联网+"和"多元参与"为代表的"浙江特色"，成功打造发展建设共同富裕示范区的重要成果。

在数字技术推动下，政府可以跨部门、跨层级进行数据分析，既能提高公共服务支出的公平性和效率，又能促进政府各部门的决策沟通和协同互动，提升公共服务供给的质量和效率。公共资源的数字化，使公共服务的供给跨越区域的限制，实现全面下沉和共享。

多元参与、共建共享是实现公共服务高质量发展的必由之路。服务均等化的基本公共服务由政府负责保障；提升社会整体福利水平的普惠性非基本公共服务则需要市场和社会组织等各种社会力量的广泛参与。一方面能够把财政资金用在民生保障最急需、最迫切的领域，另一方面能够争取更多的社会资源投入公共服务领域。同时，还要调动群众自我管理、自我服务的积极性，形成政府、社会、个人协同发展的格局。

浙江省以数字技术赋能公共服务，构建全民共建共享的公共服务多元供给模式，对中国健全完善公共服务体系，逐步实现"幼有善育、学有优教、劳有厚得、病有良医、老有颐养、住有宜居、弱有众扶"的公共服务高质量发展，具有十分重要的理论及实践意义。

第二章 浙江财政支持公共服务高质量发展推动共同富裕的路径与举措

纵观中国社会主义建设历程，可以看到，共同富裕已经成为我们党坚定不移的目标和全国人民的共同愿望和追求。经过我们党几代领导人的实践和探索，共同富裕的目标已越来越清晰，共同富裕的道路越来越宽广。共同富裕体现了中国式现代化道路的本质要求与实践意义。中国共产党带领中国人民探索社会主义现代化建设的历程，也是走共同富裕的中国式现代化道路的历程。在新征程上，走出一条迈向共同富裕的中国式现代化道路，总结历史经验，能够为实现民族复兴、国家强盛、全体人民共同富裕提供重要启示。

对于共同富裕，我们党的领导人毛泽东、邓小平同志都有过精辟的论述。习近平总书记强调指出，共同富裕是社会主义的本质要求，是中国式现代化的重要特征。共同富裕是全体人民共同富裕，是人民群众物质生活和精神生活都富裕，不是少数人的富裕，也不是整齐划一的平均主义。共同富裕是一个长远目标，需要经过渐进过程，不可能一蹴而就。要坚持以人民为中心的发展思想，在高质量发展中促进共同富裕，使全体人民朝着共同富裕目标扎实迈进。

2020年，习近平总书记考察浙江时赋予浙江"努力成为新时代全面展示中国特色社会主义制度优越性的重要窗口"的新目标新定位。浙江高质量发展建设共同富裕示范区是习近平总书记亲自谋划、亲自定题、亲自部署、亲自推动的重大战略决策。这一光荣使命，为新发展阶段浙江的高质量发展、竞争力提升和现代化先行注入了强劲动力。

浙江省提出，在高质量发展中实现共同富裕，要以改革创新为根本动力，以解决地区差距、城乡差距、收入差距问题为主攻方向，突出推动体制机制创新，尽力而为、量力而行，不能吊高胃口，不能搞"过头事"等，既提出了"过河"的任务，也解决了通往共同富裕"桥"与"船"的问题。我们要牢牢把握高质量发展建设共同富裕示范区的建设目标、主攻方向和重点任务，谋划实施牵一发动全身的重大抓手，按照经济社会发展规律循序渐进、脚踏实地、久久为功，率先走出具有普遍意义的共同富裕新路子。

在先行先试的实践中，浙江社会经济发展走出了一片新天地。深刻理解共同富裕的目标任务和实现途径，浙江财政也以公共服务均等化、高质量发展为切入点，为迈向共同富裕目标打下了坚实的基础。从财政视角推进公共服务均等化、推动高质量发展，浙江财政走出了一条引领全国财政改革与发展的特别道路。

第一节　财政视角下的公共服务均等化与高质量发展

一　公共服务均等化与高质量发展

公共服务是指政府或社会组织为满足人民群众基本生活需要和提高生活品质而提供的各种服务，如教育、医疗、社保、住房、文化、环境等。公共服务均等化是指全体公民都能公平可及地获得大致均等的基本公共服务，其核心是促进机会均等，重点是保障人民群众得到基本公共服务的机会，而不是简单地平均化。公共服务高质量发展是指在保障基本公共服务均等化的前提下，提升公共服务的供给水平、效率效益、创新能力和可持续性，满足人民群众日益增长的多样化、个性化、优质化的需求。

推进公共服务均等化及高质量发展,对于实现中国特色社会主义现代化建设具有重要意义。一方面,它有利于保障人民群众基本生活权利和发展权利,增强社会包容性和凝聚力。通过缩小城乡区域间差距、扩大优质资源覆盖面、完善制度安排和运行机制等措施,使全体人民都能享有教育普及普惠、医疗健康全覆盖、养老托幼无忧虑等基本民生保障,并有机会参与文化活动、培育文艺技能、享受文化生活。这样既能夯实我们党长期执政的群众基础,也能促进社会主义核心价值观传播和文明程度提升。另一方面,它有助于推动中国经济转型升级和高质量发展。通过深化供给侧结构性改革、创新管理方式、强化创新驱动等举措,使公共服务更加适应市场需求和社会期待,并与科技旅游产业相融合。这样既能释放消费潜力和增长动力,也能提升产业链、供应链水平和国际竞争力。

二 财政视角下的公共服务高质量发展与共同富裕

财政支持公共服务均等化及高质量发展,可以从公共经济学和区域协调发展理论等多个角度来理解。

从公共经济学的角度看,财政支持公共服务均等化及高质量发展有利于解决市场失灵和不完善所导致的公共品供给不足、外部性问题、收入分配不均等问题。公共品如国防、环境保护、基础教育等,通常无法由市场有效提供,需要政府通过财政支出来保障其供给。外部性问题如污染、拥堵等,它们会导致社会边际成本与私人边际成本或社会边际收益与私人边际收益之间存在差异,需要政府通过税收、补贴等手段来加以纠正。收入分配不均是指社会成员之间在收入或财富上存在差距过大的现象,它会影响社会稳定和经济增长,需要政府通过转移支付、再分配制度等方式来缩小差距。

从区域协调发展理论的角度看,财政支持公共服务均等化及高质量发展有利于缩小城乡之间、地区之间的公共服务供给差距,促进区域协调发展和城乡一体化建设。区域协调发展要求各地区根据自身资源禀赋、产业基础、市场需求等因素，发挥比较优势，形成特色鲜明、功能互补、优势互换的产业体系。同时，要加强区域间的经济联系和合作，实现资源共享、利益共担、风险共济。

在市场化环境中，对公共服务虽然强调多元供给，但在不同的发展阶段，对政府所起的主导作用也应有所重视。从全国范围看，浙江的市场化程度可说是居于前列，但目前仍应关注的一个事实是，公共服务高质量发展仍有赖于政府财政投入的长期性和稳定性。在推进公共服务高质量发展这一领域，仍有赖于政府财政投入的不断增加，而这来源于经济高质量发展所提供的可靠保障。同时，公共服务的高质量发展与共同富裕又是互不可分、密不可分的两个范畴，在新发展阶段，推进公共服务的高质量发展，其实质也是推进共同富裕的建设步伐，二者并不能截然分开。财政政策措施对于推动公共服务均等化和高质量发展具有不可替代的推动作用。高质量发展奠基于公共服务均等化，共同富裕虽然并不是简单化的平均主义，但其重要前提却是公共服务均等化。二者互为因果，相互推进。浙江迈向公共服务高质量发展和共同富裕之路的历程，已用事实给出了强有力的证明。

第二节　浙江推进公共服务高质量发展和共同富裕基本路径举措：财政政策与实践

一　财政收入格局与高质量发展格局持续并进

最新发布的《2022年浙江省国民经济和社会发展统计公报》（2023年3月16日）显示，2022年，浙江忠实践行"八八战略"，奋力打造"重要窗口"，全年经济运行总体保持恢复态势，民生保障有力，高质量发展特征进一步显现，高水平全面建设社会主义现代化、高质量发展建设共同富裕示范区扎实开局。

第二章　浙江财政支持公共服务高质量发展推动共同富裕的路径与举措

根据国家统一初步核算，2022年浙江全省生产总值为77715亿元，比上年增长3.1%。在财政方面，一般公共预算收入8039亿元，扣除留抵退税因素后增长5.5%，总量居全国第3位，地方政府一般债务收入1059亿元，转移性收入5530亿元。其中，税收收入6620亿元，扣除留抵退税因素后增长2.0%，占一般公共预算收入的82.3%，收入质量居全国前列。一般公共预算支出12018亿元，增长9.1%。其中，卫生健康、科学技术、社会保障和就业、文化旅游体育与传媒、教育、农林水等重点支出分别增长36.1%、17.7%、8.9%、8.0%、7.8%和4.5%。规模以上工业企业中，有研发费用的企业4.2万家，占比为76.6%，比上年提高4.3个百分点；研发费用支出增长14.5%，增速比营业收入高7.1个百分点；研发费用相当于营业收入的比例为2.9%，比上年提高0.2个百分点。新产品产值增长12.3%，对工业总产值增长的贡献率为67.9%；新产品产值率为42.2%，比上年提高1.9个百分点。

与上述情形相应，由于财政的有力投入保障，养老、教育、卫生、文体、农民农村共富等领域的形势也得到较大改善。

根据城乡一体化住户调查，全体及城乡居民人均可支配收入分别为60302元、71268元和37565元，比上年增长4.8%、4.1%和6.6%；扣除价格因素实际增长2.5%、1.9%和4.3%。城乡收入比1.90，比上年缩小0.04。全省低收入农户人均可支配收入18899元，其中，山区26县低收入农户人均可支配收入17329元。

年末全省参加基本养老保险人数4520万人，参加基本医疗保险人数5577万人，参加失业保险、工伤保险、生育保险人数分别为1851万人、2767万人和2186万人。城乡居民养老保险基础养老金最低标准提高到190元/月。

全年研究与试验发展（R&D）经费支出2350亿元，与生产总值之比为3.02%，比上年提高0.11个百分点。

年末全省卫生机构3.6万个（含村卫生室），医疗卫生机构床位数38.2万张,增长3.2%。医院全年总诊疗3.11亿人次,比上年增长4.1%。

农民农村共富有效提升。实施农民"扩中""提低"行动计划,推进强村惠民,全省村级集体经济收入30万元以上且经营性收入15万元以上行政村占比达到85%以上。推进城乡公共服务均等化,农村一、二级幼儿园在园幼儿占比74.2%,城乡义务教育共同体覆盖所有农村学校;组建县域医共体162家,建成规范化村级医疗机构1249家;累计建成居家养老服务中心1456家、社区照料中心2.2万家,实现乡镇(街道)和社区全覆盖。打造8288个覆盖全省的"15分钟品质文化生活圈"。深入实施先富带后富"三同步"行动,深化构建新型帮共体;加强低收入农户帮扶,全省低收入农户年人均可支配收入增长14.6%,高出全省农民收入增速8.0个百分点。

二 财政助力公共服务高质量发展的基本举措

(一)坚持公共服务高质量发展与共同富裕协同一致的政策思路

邓小平同志曾把"共同富裕"确立为社会主义的本质特征,并对缩小贫富差距,避免两极分化进行了新探索。他指出,"社会主义的目的就是要全国人民共同富裕,不是两极分化"。"一个公有制占主体,一个共同富裕,这是我们所必须坚持的社会主义的根本原则。"[①] 邓小平同志的思路是明确的。没有生产的发展,就没有财富的增加,没有财富的增加就不可能实现富裕,更不可能实现共同富裕。而在社会主义初级阶段,加快生产力的发展,就必须把共同富裕与同步富裕、同等富裕有效区分开来,在政策上鼓励先进,鞭策落后,形成竞争,提高效率。

沿着这样的思路,在政策层面,在积极运用财政政策和公共政策方面,浙江省作出了诸多探索。

---

① 邓小平:《邓小平文选》第3卷,人民出版社1993年版,第111页。

（二）深化财政管理体制机制改革，保护和调动市县发展积极性

通过优化财政收入划分、财政转移支付、财政收入分配等机制，浙江深化了财政管理体制改革，保护和调动市县发展积极性，逐步建立财政事权与支出责任相匹配的制度，夯实了共同富裕的经济基础。按照受益范围、外部性和信息复杂程度等因素划分省级财政事权、省与市县共同财政事权和市县财政事权，并按照事权划分相应分担支出责任或筹资责任。①

建立高新技术产业财政奖励政策。引导激励市、县（市）加快发展高新产业，建立高新技术产业地方税收增量返还奖励政策。经国家认定的高新技术企业的企业所得税地方部分增收上交省当年增量部分通过转移支付安排给各市、县（市）。

（三）探索率先实现公共服务均等化的有效路径和保障政策框架②

探索率先实现基本公共服务均等化的有效路径，逐步健全基本公共服务保障标准体系和动态调整机制。浙江省是中国首个系统化、集成化探索"钱随人走"制度改革的省份，在卫生、教育领域，率先开展改革试点，提高转移支付分配的合理性和精准度，按照普惠型公共服务和特定享受对象领域、省内转移人口和省外流入人口等不同类型，实施分类改革。在推进基本公共服务均等化方面有以下一些值得称赞的实践。

在财政支持方面，建立了以人为核心的转移支付体系，把财政资金配置到最需要的地方，让财政资金配置更加精准、市县的财力保障更加均衡、各地提供的基本公共服务水平更加均等。

在创新驱动方面，利用大数据、云计算等新技术手段提高基本公共服务供给效率和质量，实现精准施策和智慧管理。例如，在农村

---

① 《浙江省财政厅关于印发浙江省省级部门项目支出预算管理办法的通知》（http://czt.zj.gov.cn/art/2021/10/19/art_1164176_58923509.html）。

② 《关于印发〈支持浙江省探索创新打造财政推动共同富裕省域范例的实施方案〉的通知》（http://www.gov.cn/zhengce/zhengceku/2021-12/01/content_5655198.htm）。

危房改造中运用大数据分析技术进行精准识别；在教育领域推广"互联网+教育"模式；在医疗领域推广"互联网+医疗"模式。

（四）大力推行强化生态保护和补偿机制的财政政策

坚持以人民为中心，以满足人民对美好生活的向往为目标，浙江省财政部门积极践行"绿水青山就是金山银山"理念的财政政策，引导加大生态保护补偿资金投入力度，优化流域横向生态补偿机制，创新碳达峰、碳中和财政综合支持政策，推动经济社会发展与生态文明建设相协调、相促进。通过强化对生态保护的资金投入和激励机制，增加转移支付、设立专项基金、完善税收优惠等方式，支持各地区因地制宜地开展生态修复、保护和建设。根据上下游之间的水资源利用和污染排放情况，建立合理的补偿标准和分配方式，促进流域内各方面的协同治理和共同发展。

浙江省财政厅的资料显示，近年来，全省各地积极开展流域上下游横向生态保护补偿，已取得阶段性成效，基本覆盖钱塘江等八大水系主要流域，流域共同保护与治理机制日益完善，流域水环境质量日益改善，有力助推了流域内经济社会绿色转型。[①]

《浙江省深化生态保护补偿制度改革的实施意见》针对进一步健全流域横向生态保护补偿机制，切实提高实施成效，提出了以下几方面的内容。

按照"权责对等、合理补偿""强化约束、结果导向""系统推进、多元补偿"的基本原则，以全流域协同治理为目标，以水质水量等指标为主要考核依据。

将钱塘江等八大水系和京杭运河的主干流或一级支流交接断面纳入实施范围，鼓励其他具备实施条件的流域上下游建立生态保护补偿机制。

以高锰酸盐、氨氮、总氮、总磷作为水质指标，按照"只能更好、不能变差"的原则确定补偿基准和计算公式，协商确定每年在

---

① 《浙江省财政厅 浙江省生态环境厅 浙江省发展和改革委员会 浙江省水利厅关于深化省内流域横向生态保护补偿机制的实施意见》（浙财资环〔2022〕55号）。

800万—2000万元范围内的补偿资金。①

建立分级管理和业务指导机制，将流域横向生态补偿工作纳入美丽浙江建设考核内容，在考核时对应建未建或未履行协议的地方予以扣分。建立纵向与横向有机结合的生态补偿机制，在安排财政转移支付资金时给予引导激励。

加强联防联治机制，以签订横向生态补偿协议为契机，协商推进流域保护与治理。

根据《浙江省创新湿地生态补偿机制》，从2020年起，浙江省财政每年安排资金对除宁波以外共70个、180多万亩省重要湿地开展生态补偿。省林业局、省财政厅联合出台《浙江省重要湿地生态保护绩效评价办法（试行）》，按照评价办法，绩效达到80分以上，并且没有发生保护不力和违规事件，省重要湿地所在县（市、区）政府可获得每亩30元的补偿。这一举措旨在加强湿地资源管理和监督考核，提高湿地保护水平。

（五）形成助推科技创新和产业竞争的财政政策体系

支持科技创新。科技创新是引领高质量发展的第一动力，也是提升产业竞争力和核心竞争力的关键因素。浙江省财政通过加大对科技研发投入、完善科技创新激励机制、强化知识产权保护和运用等方式，支持企业和社会各类主体开展科技创新活动，培育壮大战略性新兴产业和数字经济等新动能。据统计，2022年浙江全省研发投入占地区总产值比重达到3.5%，居全国前列；全省拥有国家级高新区8个、国家级自主创新示范区4个；全省拥有有效专利总量超过100万件，其中发明专利超过30万件；全省数字经济增加值占地区总产值比重达到60%以上。

塑造产业竞争新优势。产业竞争优势是经济高质量发展的物质基础和内在要求。浙江省财政通过加快推进"双循环"建设、促进传

---

① 《浙江省生态环境厅2021年部门预算》（http://sthjt.zj.gov.cn/art/2021/3/11/art_1229263064_4530291.html）。

统产业转型升级、打造国际化营商环境等方式，塑造具有全球影响力的区域性产业集群和品牌效应。据统计，2022年全省规模以上工业增加值增长8.5%，其中战略性新兴产业增长15.6%；全省拥有中国制造500强企业36家、中国服务500强企业19家；全省营商环境排名连续多年位居全国前列。

深入实施山海协作工程。山海协作工程是缩小地区差距、促进城乡一体化、实现基本公共服务均等化的有效途径。浙江省财政通过加强对山区26县（市）的转移支付安排、推进城乡居民社会保障制度统一、支持山区26县（市）开展特色农产品生产加工等方式，深入实施山海协作工程，促进资源要素在全省范围内合理流动和优化配置。据统计，2022年全省城乡居民最低生活保障标准达到每人每月800元以上；浙江省率先在全国建立起覆盖城乡居民的社会养老保险制度，实现城乡低保标准一致；全省山区26县（市）农业总产值占全省比重达到20%以上，特色农产品品牌效应显著。

（六）推动建立现代预算管理制度先行示范工作

为了推动基本公共服务均等化和高质量发展，浙江省积极探索体制机制创新，建立现代预算管理制度就是其中之一。根据《浙江省公共服务"十四五"规划》，建立现代预算管理制度先行示范，全面实施预算绩效管理，主要包括以下几个方面的探索内容。

一是运用零基预算理念编制预算，合理确定支出预算规模。零基预算是指每年重新评估各项开支的必要性和优先级，并根据实际情形重新分配财政资源的一种方法。运用零基预算理念编制预算，可以避免惯性增长、盲目平衡、重复浪费等问题，提高财政资金使用效率和效益。

二是鼓励在预算支出标准体系建设方面先行先试。根据不同领域、不同层级、不同地区的实际情况，科学合理地确定预算支出标准分类、要素、应用等规则，强化与项目库、预算编制等相关内容的衔接形成一个覆盖全域、动态调整、透明公开的预算支出标准体系。

三是完善项目库管理和项目绩效管理机制。建立健全项目库信息平台，实现项目申报、审核、立项、执行、验收等全过程信息化管理；加强对项目执行过程中的进度监控、风险防控、资金追溯等工作；定期开展对项目目标实现情况和社会效益的绩效评价，并将评价结果作为后续资金分配和奖惩依据。

四是加强预算监督和问责机制。强化内部审计监督和外部社会监督，在各级人大及其常委会履行法定职责的同时，充分发挥社会组织、专业机构、媒体等多元主体的参与作用；健全追责问责机制，对违反法律法规或者造成重大损失的行为及时查处并严肃处理。

2021年10月，为了进一步深化预算管理改革，规范和加强省级部门项目支出预算管理，提高资金使用效益，浙江省制定出台了《浙江省省级部门项目支出预算管理办法》，以制度的形式对预算管理作出了明确规定。

三 典型城市高质量发展之路：义乌经验与财政支持

义乌是一座开放的城市，活跃的商贸经济、优质的营商环境、良好的社会治安、大量的创业就业机会，吸引着众多外地人员。大规模流动人口在推动城市经济和社会发展的同时，不可避免地带来巨大的基本公共服务和社会保障压力。随着人口的流入，特别是以家庭为单位的人口流入，地方政府为了满足其对基本公共服务的需求，不断加大公共安全、公共交通、基本教育、基本公共医疗等方面的投入，给地方财政带来了额外的负担。在此背景下，在全市范围内规范基本公共服务保障标准的制定和管理，确保基本公共服务保障标准合理适度，确保民生政策的可持续性，就变得尤为重要，也成为市财政部门绕不开的课题。

（一）构建基本公共服务保障标准体系框架

《财政部支持浙江省探索创新打造财政推动共同富裕省域范例的

实施方案》明确提出，"鼓励浙江省在实现基本公共服务均等化方面先行先试。探索建立目标明确、步骤清晰、水平合理、保障到位的基本公共服务均等化保障政策框架，逐步健全基本公共服务保障标准体系，完善与经济发展阶段和财力水平相适应的基本公共服务保障标准确定机制和动态调整机制，推进基本公共服务更加普惠均等可及，保障标准和服务水平稳步提高，率先实现省域内基本公共服务均等化，为推进实现全国范围内的基本公共服务均等化提供浙江样本"。经过积极争取，义乌市入围了浙江省财政厅"构建基本公共服务保障标准体系"试点县市，在推进基本公共服务均等化等工作中先行先试，为全省改革提供先行经验。

概括而言，义乌主要做法有以下几个方面值得关注。

一是聚焦保障目标。以基本公共服务属性划分，分类确定资金项目。会同发改部门完成《义乌市基本公共服务标准（2021年版）》，明确涵盖11个基本公共服务领域的25个类别99个项目，以及各项目服务对象、服务内容、服务标准等基本要素，确定基本公共服务保障范围和目标对象。

二是梳理现行体系。梳理现行基本公共服务保障体系建设、保障标准、文件出台、经费落实等情况，在99个基本公共服务项目中，有56项已落实或出台相关支出标准。在此基础上，结合上级文件要求和财政支出标准分类、制定方法，制定《义乌市基本公共服务保障标准管理暂行办法》，明确各部门职责分工，共同谋划制定与经济发展阶段和财力水平相适应的基本公共服务保障标准确定机制和动态调整机制。

三是确定保障主体。基于《义乌市基本公共服务领域市与镇街财政事权和支出责任划分改革实施方案》文件精神，明确基本公共服务保障责任承担主体。在市与镇街（平台）财政体制制定过程中，结合各级财政财权、事权和支出责任，按地域面积和常住人口等因素安排财力性补助资金，按具体事权划分情况明确各项收入分成机制。

四是推动建章立制。出台《义乌市级财政扶持政策管理办法（试行）》，按照"目标明确、总额控制、标准科学、管理规范、绩效优先、公开透明"的原则，规范市级财政扶持政策管理，全面提高财政资金使用效能，对包含基本公共服务在内的所有财政扶持政策出台、调整等流程进行明确，确保积极的财政政策更加精准、可持续。

（二）市财政助力公共服务高质量发展：工作举措与未来挑战

1. 工作举措

一是加大基本公共服务财政投入。义乌市财政坚持财政公共服务职能，将财政资金更多地向义务教育、基础医疗和公共卫生、基本社会保障、公共就业服务、环境保护等方面倾斜。2022年，全市一般公共预算安排的基本公共服务相关科目预算102.77亿元，较2016年决算数增长63.7%。以教育方面为例，"十三五"以来财政对教育总投入超230亿元，其中一般公共预算支出超200亿元。一般公共预算教育支出从2016年的20.1亿元增至2021年的34.5亿元，教育支出占全市一般公共预算支出占比从2016年的17.5%上升到2022年的22.1%。其中，义务教育阶段教育部门办学校生均培养成本急剧攀升，小学从2016年的13110元提高到2020年的24472元，增幅达86.7%；初中从18975元提高到33457元，增幅达76.3%。

二是切实推进基本公共服务均等化。义乌市是人口净流入地区，外来人口高于户籍人口，人口呈现明显"倒挂"现象。2021年义乌常住人口188.5万人，其中户籍人口87.2万人，占比仅46%。但全市在基本教育、公共安全、基本公共卫生、就业、社会保障、公共文化体育及交通领域等方面提供均等化服务，服务对象主要为全市在读学生及常住人口。以教育为例，义乌市实施"阳光招生"，全力保障适龄学生入学工作，由于外来人员众多，随迁子女在义乌市就读群体庞大，给财政增加较重负担，"小城办大教育"特点明显。2016学年至2021学年，义乌市学生人数（含幼儿园、小学、初中、高中、职高）从22.80万人上升到26.69万人，每年约增0.78万人。随迁子女（不含幼儿园、职高）从6.26万人上升到8.10万人，每年约增0.37万人。以2021学年义务教育段学生数为例，学生总量为16.44万人，其中随迁子女7.63万人，占比46.40%。义务教育段随迁子女中在公办学校就读人数为3.89万人，占比51.01%。

三是助力共同富裕优化公共服务保障。高站位构建基本公共服务标准体系建设，2022年前后开展3轮基本公共服务保障标准梳理统计，摸清基本公共服务领域保障现状，财政部门配合发改委等部门，正在制定《义乌市基本公共服务标准（2021年版）》，围绕"幼有所育、学有所教、劳有所得"等11个方面逐一明确服务对象、内容、标准及责任单位等事项，推进基本公共服务保障制度化、标准化。小切口探索"幼有所育"领域，市财政积极"探索支持生育养育的财税政策，降低家庭生育养育成本"改革，围绕"一小"健康服务重大需求，以优化财政政策供给为切入点，通过以财政资金打造优质诊疗资源提升儿童医疗服务，以财政购买服务重塑健康管理体系、提升儿童保健服务，以财政政策引导多方照护格局提升儿童养育服务，全链条贯穿提升婴幼儿医疗、保健、养育服务，塑造普惠生育养育新场景。

2. 未来挑战

（1）人口流入地政府财政吃紧。人口规模不断膨胀，据第七次全国人口普查数据，2020年义乌市常住人口已达185.94万人。与2010年相比，增加62.54万人，增长50.68%，常住人口中外来人口远多于户籍人口，流动人口特别是常住人口同等享受大部分领域基本公共服务，造成全市在公共安全、医疗、教育等方面面临巨大的保障压力。同时还存在行政等级化的配置方式与现实需求错配的问题，"小马拉大车"现象十分严重。行政编制远低于城市服务需要，以教育为例，随着教育规模不断扩大，2021年学生总量达26.69万人，但教师编制数在2011年按在校生核定7957个后一直没有增长（根据中央要求，财政供养人员只减不增）。为保障学有所教，义乌积极创新备案制教师管理等方式补充教师队伍力量，2016年以来，由此增加的额外财政资金超6亿元。

（2）现行教育办学导向加剧地方财政负担。上级要求各地大力压缩民办教育占比，幼儿园民办占比不能超过50%，义务教育民办占比不能超5%，相关要求将严重加剧地方财政教育保障的压力。一是要扩容公办学校，全市相继实施了两个"百园工程"，推动教育倍增，预计"十四五"时期还需投入建设资金200亿元以上（主要依靠土地出让收入安排支出）。二是学生从民办学校回流公办，生均财政保障的成本将急剧增大，将给全市财政可持续发展带来较大冲击。

（3）针对流入地的上级转移支付倾斜力度不大。上级出台的相应政策要求人口流入地政府为流入人口提供公共服务，但当前部分转移支付的分配是按照地区户籍人口进行配置，未能充分实现转移支付"钱随人走""钱随事转"的动态调整。

第三节　浙江经验的提炼：财政助力高质量发展和共同富裕

一　公共服务高质量发展为共同富裕提供坚实基础

从浙江的发展实践来看，公共服务的高质量发展为共同富裕奠定了坚实的物质基础。这一基础离不开财政的支持，财政政策与具体财力的支持，形成了强大的后盾。针对公共服务的不同细分领域，如教育、医疗、社会保障、养老、基层公共服务设施、生态环境改革等领域，浙江财政均有针对性很强的政策措施。一方面，政策的引导性作用，另一方面，财力的支撑性作用，二者形成合力，共同塑造了基本公共服务均等化基础上的高质量发展格局，从而为共同富裕的开局起步提供了大力支持。

以下主要从转移支付、预算管理、绩效评估等方面梳理浙江省近年来在财政支持公共服务均等化及高质量发展方面所取得的成效和进展。

——从转移支付方面看,浙江省探索实施"钱随人走"制度改革,构建一个以人为核心的转移支付体系,把财政资金配置到最需要的地方,让财政资金配置更加精准、市县的财力保障更加均衡、各地提供的基本公共服务水平更加均等。其具体做法主要包括:一是将教育、卫生等领域的转移支付与学生、居民等人口挂钩,按照不同类型人口的标准定额进行分配;二是将农村低保、特困供养等领域的转移支付与受益对象挂钩,按照不同类型受益对象的标准定额进行精准分配;三是将农村留守儿童、困境儿童等领域的转移支付与服务需求挂钩,按照不同类型服务需求的标准定额进行分配。① 浙江省建立完善均衡性转移支付机制,通盘考虑全省各市县的财力保障水平,安排均衡性补助资金,保障全省财力更加均衡。其具体做法主要包括:

——从预算管理方面看,浙江省在卫生、教育等领域率先开展改革试点,提高转移支付分配的合理性和精准度。其具体做法主要包括:一是在卫生领域开展医疗卫生事业单位综合改革试点,在医院预算管理中引入绩效评价机制,并将其作为医院预算编制和执行监督检查的重要依据;二是在教育领域开展义务教育经费保障机制改革试点,在学校预算管理中引入学校分类管理模式,并将其作为学校预算编制和执行监督检查的重要依据。

——从绩效评估方面看,浙江省建立了基本公共服务项目支出责任划分及绩效评价机制。其具体做法主要包括:一是明确了各级政府在基本公共服务项目中的支出责任,按照中央、省级、地方三级分担或者地方自有财力安排等原则,划分各级政府的支出范围和比例;二是建立了基本公共服务项目绩效评价指标体系,包括项目目标、投入产出、效率效果等方面的指标,以及相应的权重和评价方

---

① 《省发展改革委等29个部门关于印发〈浙江省基本公共服务标准(2021年版)〉的通知》(https://www.zj.gov.cn/art/2022/1/4/art_1229203589_2387835.html)。

第二章　浙江财政支持公共服务高质量发展推动共同富裕的路径与举措

法；三是建立了基本公共服务项目绩效评价组织实施机制，由省发展改革委牵头会同相关部门组织开展年度和专项评价，并将评价结果向社会公开；四是建立了基本公共服务项目绩效评价结果运用机制，将评价结果作为调整项目设置、优化资源配置、完善政策措施等的依据，并对表现优秀或者不达标的项目进行奖惩激励。

二　公共服务项目、质量和便利性获得极大发展

从服务项目方面看，浙江省制定了基本公共服务标准（2021年版），涵盖了教育、就业、社会保障、医疗卫生、文化体育等11个领域，共计95项基本公共服务项目。其中，有些项目是在国家标准的基础上提升的，如义务教育阶段学生营养改善计划覆盖率由国家标准的80%提高到100%，城乡居民医保报销比例由国家标准的75%提高到80%等；有些项目是在国家标准的基础上新增的，如建立全省统一的婴幼儿照护服务体系，实现全省所有行政村通畅安全道路覆盖率达到100%，建立全省统一的老年人日间照料中心等。

从服务质量方面看，浙江省通过制定和完善各类公共服务质量评价指标体系和评价方法，建立健全公共服务质量监测和评价机制，定期开展公共服务质量评价工作，并将评价结果向社会公开。同时，通过引入第三方机构参与公共服务质量评估和监督，加强对公共服务提供者的激励约束机制，促进公共服务提供者不断改进工作方式方法和提高工作效率效果。

从服务便利方面看，浙江省通过推进数字化改革和智能化应用，打造"浙里办"平台和"浙里基本公共服务"重大应用，在线上线下实现"一网通办""一次不跑""最多跑一次"等目标。同时，通过优化流程、简化手续、压缩时限等方式，降低群众办事成本和时间成本。

三　财政的可持续性：一个特殊视角的分析

浙江发展的实践已充分表明，对高质量公共服务的需求已经成为

人民对美好生活的向往的一个重要组成部分。毋庸讳言，在现阶段，浙江财政对高质量公共服务的有效供给起到了极大的保障作用。这与浙江财政兼顾"均衡"与"竞争"，完善省以下政府间均衡性财政转移支付机制等一系列政策措施密切相关。一方面，重视通过均衡性财政转移支付实现地方特别是基层政府间的财力均衡，强化经济发展落后地区的公共服务财政供给能力。另一方面，积极探索财政专项资金在市县层面的竞争性分配改革，引入有管理的竞争机制，强化专项资金在引导基层政府竞相提高基本公共服务供给标准与质量上的作用。

但是，毋庸讳言，我们也应该看到另外一面，就是财政的可持续性问题对公共服务高质量供给的冲击和影响。浙江是中国经济发展的排头兵，多年来经济增速引领全国各省份，雄厚的经济"家底"是其能够提供高效、高质量公共服务的重要支撑力量。在新形势下，在新发展阶段，如何保持这一优势并将其转化为对公共服务高质量供给和可持续供给，也许是更值得深入探讨的一个话题。

第四节　浙江经验的完善：借鉴与启示

一　当前差距与问题

浙江省财政在支持公共服务均等化及高质量发展方面存在的不足和问题，或许可以从城乡差距、区域差距、领域差距、群体差距等方面略微展开分析（见表2-1）。

表2-1　　　　　　　　公共服务供给差距与解决思路

不足和问题	解决思路和办法
基本公共服务存在地区、领域、人群不均衡	加大对薄弱地区、山区、海岛等地的财政转移支付力度；加强大都市区、一体化合作先行区、城乡融合发展试验区公共服务标准统筹；开展基本公共服务跨区域合作；健全以流入地为主的基本公共服务供给制度，推动符合条件的未落户常住人口逐步享有与户籍人口同等的基本公共服务

续表

不足和问题	解决思路和办法
非基本公共服务弱项较为明显，服务质量、服务水平与群众期待还有一定差距	推进政府购买服务，引入竞争机制，规范购买内容、服务要求、服务流程等；鼓励和引导国有经济以兼并、收购、参股、合作、租赁、承包等形式参与公共服务，扩宽国有经济进入渠道
公共服务体制机制改革任重道远	建立以人为核心的转移支付体系，让财政资金配置更加精准、市县的财力保障更加均衡、各地提供的基本公共服务水平更加均衡；推进省与市县财政事权和支出责任划分改革；探索成本分担和跨区域利益补偿机制，建立基本公共服务领域横向财政转移支付制度
公共服务体系建设面临新要求新挑战	推进公共服务数字化改革，全面提升公共服务业务协同能力，迭代升级数字系统支撑，全域拓展数字场景应用；按照"V"形迭代模型，打造一批惠企惠民、好用易用的综合场景，形成"破点—连线—成面—立体"最优方案，推动公共服务整体性优化和系统性重塑

资料来源：笔者根据相关资料整理所得。

从城乡差距方面看，虽然浙江省已经实现了城乡基本公共服务标准一体化，但是在一些公共服务领域，如教育、医疗、文化等，还存在着城乡之间的供给水平和质量差异。因人口流出导致公共服务设施配置利用率低、人员配备不够、服务能力不强等问题仍然突出。针对这一问题，根据《浙江省人民政府办公厅关于印发浙江省公共服务"十四五"规划的通知》，浙江省还将致力于加强城乡基本公共服务制度一体化设计，实行城乡统一的基本公共服务设施配置和建设标准，推进一批公共服务领域城乡联动项目，加快补齐农村地区服务设施短板；加大基本公共服务资源向农村倾斜力度，完善城市优质公共服务资源辐射农村配套政策；科学设置农村基本公共服务半径，增强偏远农村流动服务能力，打造"1.5小时偏远农村基本公共服务圈"。

从区域差距方面看，浙江省经济社会发展水平在各市县之间存在较大差异，导致基本公共服务供给能力也出现较大差异。山区海岛地区，在基本公共服务的财力保障、资源配置、标准制定等方面还面临着较大困难和挑战。根据《中共中央 国务院关于支持浙江高质量发展建设共同富裕示范区的意见》，浙江省将加大对薄弱地区财政转移支付力度，促进基本公共服务财政投入和公共服务资源配置优先向山区、海岛等地倾斜；加强大都市区、一体化合作先行区、城乡融合发展试验区公共服务标准统筹；开展基本公共服务跨区域合作；探索成本分摊和跨区域利益补偿机制。

从领域差距方面看，浙江省在基本公共服务标准制定和实施方面走在全国前列，已经制定了95项基本公共服务标准，围绕人的全生命周期，涵盖了教育、医疗、社保、文化、体育等多个领域。但是，在一些新兴领域和特殊群体的服务需求上，还存在着供给不足或不均衡的问题。例如，在农村地区，老年人、儿童、残疾人等弱势群体的养老、托育、康复等服务设施和资源相对缺乏；在数字化发展方面，农村地区与城市地区在信息基础设施建设和应用水平上还有较大差距；在生态环境保护方面，农村地区与城市地区在污水垃圾处理和生态修复等方面还有较大差异。根据《浙江省公共服务"十四五"规划》，浙江省将加快推进基本公共服务均等化向匀质化转变，提高农村公共服务供给质量；加强对新兴领域和特殊群体的公共服务保障；优化农村基础设施和公共服务布局；推动城乡产业、教育、医疗、文化等发展共同体建设。

从群体差距方面看，浙江省流动人口规模较大，其中包括了大量的外来务工人员和农业转移人口。流动人口在享受基本公共服务方面，相对于户籍人口还存在一定的差距和不足。例如，在教育、医疗、社保、住房等方面，流动人口往往难以享受到与户籍人口同等水平的服务和保障；在就业、创业、参政议政等方面，流动人口也面临着一些制度性和实际性的障碍。

为了解决上述这些问题，浙江省出台了一系列政策措施，不断推进基本公共服务向常住人口覆盖，促进流动人口市民化和融入发展。具体包括以下几个方面。

（1）制定《浙江省基本公共服务标准（2021年版）》，明确了95项基本公共服务项目，并将常住人口纳入服务对象范围。

（2）推行"钱随人走"制度改革，建立以常住人口为核心的转移支付体系，合理确定补助标准和权重因素，优化财政资金配置。

（3）深化户籍制度改革，放宽落户条件和限制，扩大居住证享受的基本公共服务范围，加快建立农业转移人口市民化长效机制。

（4）完善流动人口信息管理平台和数据共享机制，提高信息采集、登记、更新、查询等工作效率。

（5）加强对流动人口的就业创业指导和培训服务，支持他们参与新兴产业和新型职业发展。

（6）鼓励各地开展多形式多渠道的社会治理创新实践，增强流动人口的归属感和认同感。

二　未来发展的挑战与财政面临的新形势

（一）未来发展的挑战

基本公共服务存在地区、领域、人群不均衡。虽然浙江省在基本公共服务标准化、制度化方面走在全国前列，但仍有一些短板弱项，如农村地区和相对欠发达地区的基本公共服务设施配置和人员配备不足，城乡居民收入和生活水平差距较大，未落户常住人口、农业转移人口等特殊群体享受基本公共服务的机会不平等。

非基本公共服务供给不足，优质资源总量偏少。随着经济社会发展水平提高和人民群众需求多样化、个性化、优质化，非基本公共服务的重要性日益凸显。然而目前浙江省非基本公共服务领域存在政府购买力度不够、市场供给能力不强、社会参与程度不高等问题，导致优质资源总体偏少，满足不了人民群众对美好生活的新期待。

公共服务体制机制改革任重道远。推动高质量发展建设共同富裕示范区，需要深入推进以满足人民日益增长的美好生活需要为根本目的的供给侧结构性改革。然而目前浙江省在推进公共服务数字化改革、完善收入分配制度、加大政府购买服务力度等方面还存在一些体制机制障碍和政策落实困难。

公共服务体系建设面临新要求新挑战。新时代新形势下，中国社会主要矛盾已经转化为人民日益增长的美好生活需要和不平衡不充分的发展之间的矛盾。这就要求浙江省在推动高质量发展建设共同富裕示范区过程中，更加注重向农村、基层、相对欠发达地区倾斜，向困难群众倾斜，在更高水平上实现"幼有所育、学有所教、劳有所得、病有所医、老有所养、住有所居、弱有所扶"，并积极应对老龄化社会带来的压力和挑战。

（二）财政面临的新形势

针对在浙江不同地区的调研总结，我们发现，财政在未来时期所面临的新形势和新问题，主要有以下两个方面。

一是完善上级转移支付机制的迫切性。不少地区恳请上级在下达涉及基本公共服务领域的转移支付资金时，应将流动人口、常住人口、就学人数等纳入分配因素加以考虑，加大对人口流入地的倾斜力度，建立完善"钱随人走""钱随事转"的分配补助机制。

二是完善全国信息共享机制的重要性。鉴于中国地域间人口流动频繁、一些地区流动人口规模庞大、跨省流动人口占比较高等特点，建议在流动人口子女义务教育学籍信息、社保转移接续与异地结算等重点领域先行先试，完善众人口流入地与输出地信息共享机制，进一步方便信息采集，以节约人力、物力、财力成本，提高效率，提升公共服务的获得感水平。

三 对浙江追求共同富裕之路的思考

处于先行先试区的浙江，在追求共同富裕模式之下的财政运行方式，究竟对全国各地、对全国未来经济发展和财政运行格局、运行模式有着何种借鉴与启示意义？这值得思考。

在公共服务均等化、高质量发展方面，浙江的经验有其独特性。

第二章 浙江财政支持公共服务高质量发展推动共同富裕的路径与举措

这种独特性的表现之一就是浙江一直实行"省管县"财政体制，因此，在全省范围内，财政部门可以有效均衡财力，从而实现区域范围内的公共服务在一定程度上趋于均衡发展，而不像有些地区形成较大的差距。那么，随之而来的问题是，这种"省管县"的财政管理体制是否有可能或有必要在全国范围进一步推广？针对幅员辽阔的中国不同地区，浙江财政体制的独特性是否都是一种优势因素？浙江公共服务高质量发展的若干经验（如缩小地区间发展差距的做法）有无可能在西部经济较不发达地区得以顺利推广？如此种种，都需要进一步分析与总结。

对于如何解决贫富不均和地区发展不平衡的问题，邓小平同志曾提出一些很好的设想。1988 年他就提出了"两个大局"的思想。他说："沿海地区要加快对外开放，使这个拥有两亿人口的广大地带较快地先发展起来，从而带动内地更好地发展，这是一个事关大局的问题。内地要顾全这个大局。反过来，发展到一定的时候，又要求沿海拿出更多力量来帮助内地发展，这也是个大局。那时沿海也要服从这个大局。"① 其实，不必说全国，即便在浙江省内，也还存在着这样的问题，如浙西南相对较不发达地区和杭嘉湖地区的平衡、比较问题，必须客观认识到现实的发展差距并从政策层面加以有效协调。

在财政对高质量公共服务、共同富裕的支持方面，其长期性、艰巨性和可持续性问题也必须给予充分重视。经历新冠疫情之后，走高质量发展之路、共同富裕之路，已是必由之路，在迈向这一目标的过程中，如何更好地发挥财政力量的保障作用，需要在财政政策上有更为周密的考虑。浙江经验的总结与丰富，对中国全面实现人民对美好生活的向往这一目标具有重大指标性意义和重要价值。

---

① 邓小平：《邓小平文选》第 3 卷，人民出版社 1993 年版，第 277—278 页。

四 小结

浙江是中国经济社会发展的先行者和排头兵，也是全面建设社会主义现代化强国和实现中华民族伟大复兴的重要力量。财政支持公共服务均等化及高质量发展是推动浙江率先实现共同富裕的重要内容和手段。

本章从理论和实践两个层面，结合浙江省级财政支持公共服务均等化及高质量发展的政策与具体措施，分析了浙江财政支持公共服务均等化及高质量发展的路径与成效。

在习近平新时代中国特色社会主义思想的指引下，浙江省在财政支持公共服务均等化及高质量发展方面取得了显著成效。财政收入稳步增长，预算管理制度不断完善；转移支付规模扩大，区域协调发展水平提升；绩效管理监督评估逐步推进，资金使用效率效益明显提升。在新发展阶段，在全面落实党的二十大精神和中央各项工作部署的基础上，浙江全省必将迎来一个大发展的时代，浙江财政必将更深入推进改革创新，构建全新的与中国式现代化相适应的现代财政制度体系。

第三章　促进公共教育均等化的浙江经验与启示

公共教育是现代工业社会发展的基石之一。教育作为人力资本投资的主要途径，直接决定着一个国家和地区的经济发展速度与质量。现代内生经济增长理论也表明，高质量的人力资本投资是实现可持续性增长的重要基础。中华人民共和国成立后，为满足国家建设的需要，建立了新型教育体系。1951年，中央人民政府政务院颁布了《关于改革学制的决定》，明确规定了中国的学制系统，包含从幼儿园到大学各层次以及普通教育和职业教育各类别的教育，形成了一个完整的教育体系。1983年10月1日，邓小平为北京景山学校题词"教育要面向现代化，面向世界，面向未来"，提出了教育现代化的任务。1985年，《中共中央关于教育体制改革的决定》颁布"教育必须为社会主义建设服务，社会主义建设必须依靠教育"的教育方针，中国教育现代化建设进入了高速发展的阶段。1993年，中央颁布了《中国教育改革和发展纲要》，明确了中国现行教育体系包括基础教育、职业教育、成人教育和高等教育。21世纪初，国家将教育工作的重心放在普及义务教育，提升农村教育上。2010年，《国家中长期教育改革和发展规划纲要（2010—2020年）》发布，对各级各类教育的发展任务进行阐述，提出了到2020年，基本实现教育现代化，基本形成学习型社会，进入人力资源强国行列的目标。在此基础上，为适应中国经济发展进入新常态，老龄化问题不断凸显的新的国情，2019年，中央发布了《中国教育现代化2035》，提出在新阶段推进教育现代化的总体目标是："到2035年，总体实现教育现代化，迈入教育强国行列，推动中国成为学习大国、人力资源强国和人才强国，为到本世纪中叶建成富强民主文明和谐美丽的社会主义现代化强国奠定坚实基础。"

在共同富裕实现进程中，教育均等化也被作为重要的推进手段和目标结果。党的二十大报告提出"坚持以人民为中心发展教育，加快建设高质量教育体系，发展素质教育，促进教育公平"[①]。教育领域中，义务教育特别是城乡义务教育的均等化问题，一直以来是社会关切的焦点，政策制定的难点和学术研究的重点，其关乎教育的起点公平和过程公平，对推进共同富裕实现至关重要。本课题组调研发现，浙江在教育格局优化、教师队伍建设、教育共同体联动、"互联网+"教育建设、跨地区交流合作、流动人口子女入学、终身学习型社会等方面，探索形成了对促进公共教育均等化发展有一定参考价值和示范意义的经验做法。

第一节　中国现代教育体系及发展状况

一　教育在推进共同富裕中的作用和功能

从微观角度来看，教育被认为是一种人力资本投资。舒尔茨等经济学家认为，能够用于生产的资本要素不仅包括土地厂房、机器设备、原材料等物资资本，还包括人力资本，具体表现为人身上的各种生产知识、劳动与管理技能以及健康素质等各方面存量的总和。在经济增长中，人力资本的作用大于物质资本的作用，因而人力资

---

① 习近平：《高举中国特色社会主义伟大旗帜　为全面建设社会主义现代化国家而团结奋斗——在中国共产党第二十次全国代表大会上的报告（2022年10月16日）》，人民出版社2022年版，第34页。

本是最重要的生产要素。① 人力资本的获得和提高的最主要途径便是教育，通过对劳动力进行教育、培训等，能够提高劳动力质量，从而更好地进行生产活动，提高生产活动的效率。②

从宏观的角度来看，教育对经济增长具有重要作用。内生增长理论将技术进步视为经济增长的内生要素，基于人力资本理论，劳动投入过程中包含着因正规教育、培训、在职学习等而形成的人力资本，而人力资本的提高意味着更强的生产能力和创新能力，因此能够在一定条件下带来技术进步，提高生产率。由此可见，要实现经济的长期增长，就要重视教育对人力资本形成和提高的重要作用，鼓励和保护创新，从而提高人力资本，培养更多的熟练劳动，为推动技术革新提供基础。

此外，教育还是一种信号传递。劳动力市场中存在着信息不对称问题，企业在雇用工人时，并不能够完全掌握求职者的实际工作能力，只能通过一些能够直接看出来的，并且能够与工人的实际工作能力相联系的特征和标志来进行判断，从而在求职者中选出最佳人员。一般认为，受教育程度与个人能力高度相关，个人能力越强的人，在学业上的表现越好，因此受教育程度也更高。基于这种逻辑，受教育程度被视为一种反映劳动者个人能力的信号，受教育程度较高的比受教育程度较低的工人更可能具有强大的工作能力，成为企业在雇用工人时最看重的因素之一。③

习近平总书记指出："我们说的共同富裕是全体人民共同富裕，是人民群众物质生活和精神生活都富裕，不是少数人的富裕，也不是整齐划一的平均主义。"④ 在共同富裕的背景下，教育发展的重点

---

① ［美］西奥多·W. 舒尔茨：《人力资本投资——教育和研究的作用》，蒋斌、张蘅译，商务印书馆1990年版。
② 才国伟、刘剑雄：《收入风险、融资约束与人力资本积累——公共教育投资的作用》，《经济研究》2014年第7期。
③ 纪春梅、陈烨：《教育筛选功能及其发挥》，《教学与管理》2006年第12期。
④ 习近平：《扎实推动共同富裕》，《求是》2021年第20期。

是均衡，要求是高效。

在均衡方面，要坚持优质均衡，公平为先，将提供公平的基本教育公共服务作为重点方向，提高对薄弱地区、薄弱人群的教育提供和教育保障，实现"人人有学可上，人人有书可念"，利用多种渠道和方式，实现教育资源的跨时空交流共享，不断缩小地区、城乡之间教育资源的差异。在效率方面，共同富裕下的教育发展是高质量的教育发展，这就意味着在推动教育覆盖更多的人群，减少地区差异的同时，也需要提升整体的教育质量。完善教育内容，全面推进素质教育，在重视文化知识教育的同时，也重视对学生道德品质、身体素质等各个方面的培养。优化教育方式，不断提高教育育人水平，充分发掘学生潜力，发挥教育在提升人力资本方面的作用。按照《中华人民共和国国民经济和社会发展第十四个五年规划和2035年远景目标纲要》的要求，巩固义务教育基本均衡成果、完善办学标准，推动义务教育优质均衡发展和城乡一体化。保障农业转移人口随迁子女平等享有基本公共教育服务。提升各级教育毛入学率，完善各类教育保障机制、增强职业技术教育适应性。从而建立高质量教育体系，推动基本公共教育均等化。①

二 中国教育现代化、均等化的成就

（一）建立了完整的教育体系，教育规模持续扩大

中华人民共和国成立初期，教育事业落后，全国文盲率高达80%。此后，国家高度重视教育工作，经过多年的不懈奋斗，今天，中国已建成世界最大规模的教育体系，涵盖学前教育、初等教育、中等教育、高等教育、继续教育、特殊教育等各个方面，使得各个年龄阶段各种状态的国民都享有受教育的权利和机会，教育普及程度和规模不断扩大。全国共有各级各类学校数量53.71万所，在校

---

① 《"十四五"规划和2035年远景目标纲要提出建设高质量教育体系》，《中国教育报》2021年3月13日。

生 2.89 亿人，专任教师 1792.97 万人，15 岁及以上文盲率下降至 2.67%。总体来看，全国各级各类教育均超过中高等收入国家平均水平，教育总体发展水平已进入全球中上行列。

（二）人均受教育年限提高，教育资本的存量不断增长

中华人民共和国成立之初，中国人均受教育年限仅有 1.6 年①，而第七次全国人口普查结果显示，全国人口中，15 岁及以上人口的平均受教育年限已提高至 9.91 年，全国新增劳动力平均受教育年限达到 13.8 年。拥有高中阶段及以上受教育程度的人群的比例不断增加，进一步说明了中国教育资本存量在不断增长，人力资本投资成绩显著。

（三）义务教育实现了全覆盖和全阶段的免费

义务教育是中国教育改革和发展的重中之重。教育史上早在 1904 年，就把小学教育规定为义务教育，1986 年通过的《中华人民共和国义务教育法》又提出了实行九年制义务教育，将普通初中正式纳入义务教育体系，标志着中国义务教育制度正式确立。多年来，在教育战线和全国人民的共同努力下，义务教育取得了巨大的成就，具体表现在三个方面：其一，义务教育实现了全覆盖，普及程度不断提高。2013 年，九年义务教育人口覆盖率达到了 100%。2019 年，中共中央、国务院印发《关于深化教育教学改革全面提高义务教育质量的意见》，进一步推动了义务教育改革与发展，到 2020 年，九年义务教育巩固率达到 95.2%，小学学龄儿童净入学率 99.96%，初中阶段毛入学率 102.5%②，实现了《中国儿童发展纲要（2011—2020 年）》中提出的目标。其二，全面实现了义务教育阶段的免费。2000 年，农村进行税费改革，将农村义务教育阶段的经费纳入

---

① 翟博：《人类教育发展史上的奇迹——改革开放 30 年中国推进全民教育的奋进历程》，《教育研究》2009 年第 1 期。

② 教育部统计初中学龄人口的年龄范围是 12—14 岁，但是在现实中，初中阶段在校生的年龄可能并不完全都在这个区间里，由于各种各样的原因，出现低龄或超龄初中学生，因此毛入学率就会出现超过 100% 的情况。

县级财政。① 2006 年，国家对西部地区农村实施"两免一补"的政策，即免杂费、免书本费、补助寄宿生生活费。2007 年，"两免一补"在中东部地区推开。2008 年又在城市义务教育阶段全面实现了九年义务教育的免费。至此，义务教育实现了全面免费。其三，为帮助中国农村儿童更好成长，2011 年实施了针对农村的学校营养改善计划，由中央和地方两级财政出资，为义务教育阶段的学生提供营养午餐，极大地改善了农村地区学生的营养状况。

（四）职业教育取得了蓬勃发展

随着中国经济的发展和工业化程度的加深，对各类技术技能人才的需求也不断增加，为满足人才缺口，国家积极推进职业教育建设，大力发展职业教育，中国职业教育体系不断完善，成为人力资源开发的重要途径。2019 年，全国共有中等职业学校 1 万多所，高等职业院校 1423 所；在校生规模达 3185 万人，其中，中职在校生 1577 万人，高职在校生 1608 万人，2010—2019 年，职业院校累计培养和输送毕业生 1.05 亿人，分布在各行各业的生产一线，成为中国产业转型升级的主力军，为中国经济社会发展提供了有力的人才和智力支撑。为推进产教融合、校企合作，全国组建了 56 个行业职业教育指导委员会，1400 个职教集团，3 万多家企业参与职业教育，基本形成产教协同发展和校企共同育人的职业教育发展格局。

（五）建立起世界最大规模的高等教育体系

1949 年中华人民共和国成立之初，全国高等教育在校学生人数仅有 11.7 万人，经过 70 年的努力，中国已经建立起世界最大规模的高等教育体系，2020 年，各种形式的高等教育在学总规模达到 4183 万人。改革开放前，中国高等教育毛入学率长期徘徊在 1% 以下。改革开放后，中国进行了高等教育改革，在全国范围内实行高校扩招，2003 年，高等教育毛入学率突破了 15%，高等教育进入大众化阶段。

---

① 高小立、李欢欢：《新中国 70 年农村义务教育财政体制改革探析》，《四川师范大学学报》（社会科学版）2019 年第 5 期。

2020年，高等教育毛入学率达到54.4%，按照国际上的标准，中国高等教育已进入普及化阶段。① 与高等教育规模持续扩大相伴随的是高校数量和教师数量的持续增长。1949年，全国仅有普通高校205所，普通高校教职工数量仅有4.6万人，其中专任教师数仅有1.6万人。经过70多年的努力，全国范围内已有普通高校2738所，是1949年的13倍。普通高校教职工增加至266.9万人，是1949年的58倍，专任教师增加至183.3万人，是1949年的114倍。

（六）教育投入不断提高

中华人民共和国成立以来，中国教育经费筹资规模逐渐扩大，筹集方式也趋于多元。当前，教育经费的主要来源有国家财政性教育经费、民办学校举办者投入、社会捐赠收入、事业收入几项。其中，财政性教育经费是最重要的经费来源。近年来，财政性教育经费在总教育经费中的占比稳定在80%左右。2012年，中国教育事业实现了里程碑式的跨越，教育经费占国内生产总值的比例突破4%，此后数年，这一比例一直维持在4%以上，反映了教育事业的不断发展。

第二节 公共教育均等化的浙江成就及面临的问题

一 浙江公共教育均等化的成就

截至2021年底，浙江省教育总体发展水平已处于全国领先地位。总体上看，浙江教育普及化指标居全国前列，已达到高收入国家的平均水平。其中，义务教育高质量发展，呈现出优质、均衡特征，校际办学条件差异系数0.27，为全国最低，城乡义务教育办学条件差异持续缩小。分阶段和分体系看，浙江学前教育毛入园率超过100%，巩固率为100%；义务教育入学率为99.99%，巩固率为

---

① 国际上通常认为，高等教育毛入学率在15%以下时属于精英教育阶段，15%—50%为高等教育大众化阶段，50%以上为高等教育普及化阶段。

100%；高中阶段毛入学率达98.7%；中等职业教育学校348所，专任教师3.8万人，生师比14.6∶1；高等教育阶段毛入学率达64.8%。目前，浙江普通高等学校共计109所，其中大学（学院）43所、独立学院15所、本科层次职业院校2所、高职高专49所。此外，浙江特殊教育学校86所，在校生2.35万人，城市49所、农村37所。

在教育财政投入方面，一方面，教育财政经费增长向义务教育和学前教育阶段倾斜，2020年浙江普通高校生均公共财政预算教育事业费为24645元；普通高中33189元，比上年增长4.5%；义务教育阶段，普通初中27258元，比上年增长5.9%；普通小学18716元，比上年增长6.4%；幼儿园15516元，比上年增长7%。另一方面，浙江逐年提高各教育阶段的公用经费省定最低标准，从制度层面提高把控公共教育服务均等化水平，其中，学前教育阶段，截至2022年公用经费省定最低标准每生每年500元；义务教育阶段，自2022年起小学和初中公用经费省定最低标准每生每年800元和1000元。

按照《浙江省人民政府关于进一步完善城乡义务教育经费保障机制的通知》相关要求，对寄宿制学校按照寄宿生年均200元标准增加公用经费补助，对农村地区不足100人的规模较小学校按100人核定公用经费，义务教育阶段特殊教育学校及随班就读学生生均公用经费按当地普通同级学校生均公用经费的10倍以上拨付；高中教育阶段，普通高中公用经费省定最低标准每生每年1200元，中等职业高中公用经费省定最低标准每生每年2500元；高等教育方面，2019年起每年提高经费生均定额标准500元，到2022年已达到每生每年13000元。值得注意的是，从全国义务教育公平的进程看，浙江的义务教育均等化水平已走在了全国前列。在均衡化方面，浙江不断促进城乡义务教育优质均衡。2015年，浙江所辖市属各区县均达标义务教育发展基本均衡县；2020年，浙江所辖市属各区县均达标教育基本现代化县，义务教育优质均衡发展走在全国前列。

在均等化方面，浙江积极促进流动人口子女义务教育入学同城化待遇。据统计，2021年义务教育中小学随迁子女在校生158.96万人，比上年增长1.9%，其中在公办学校就读人数为126.37万人，占79.5%。在小学就读的随迁子女118.09万人，比上年增加1.71万人，增长1.5%；在初中就读的随迁子女40.87万人，比上年增加1.21万人，增长3.1%。

可见，无论是从整体上还是分阶段来看，浙江公共教育资源的规模和配置都呈现出高质量发展特征，教育财政保障和支持力度不断加强，教育体系布局上呈现出均衡和全覆盖的趋势，特别是在公共教育服务的供给数量与质量上，城乡差距不断缩小，对特殊教育、职业教育等具有公共属性的教育领域也具有明显的倾斜支持。虽然，浙江在公共教育服务方面成果显著，公共教育均等化水平持续提高，但受制于地区经济社会发展不平衡，经济增长和财政收入波动，人口流动和人口结构变化等现实因素，浙江的教育发展仍面临诸多现实考验。

二　浙江教育高质量发展面临的问题

总的来说，公共教育服务均等化在实际操作中表现为资源均衡化与质量均等化两个维度，在义务教育方面则具体体现为城乡义务教育资源的配置均衡，以及城乡义务教育对所含各类群体的教育质量均等。然而，当前浙江在地区、城乡和校际之间的教育资源配置和质量控制上仍存在客观差距，优质教育资源供给与人们日益增长的优质教育资源需求的矛盾将长期存在，尤其体现在流动人口子女随迁就读、农村居民子女进入城区或县城就读，以及毕业去向多元选择的权益尚不能全面保障等问题上，教育均等化任重道远。

（一）教育财政投入的可持续性压力

近年来，浙江经济社会发展步伐稳健，2021年浙江经济总量突破7万亿元，提前一年实现到2022年7万亿元的奋斗目标，达到

73516亿元，约为1.14万亿美元，同比增长8.5%，两年平均增长6.0%。财政状况运行良好，2020年财政总收入12421亿元，比上年增长1.2%，2021年财政总收入14517亿元，比上年增长16.9%。作为公共服务支出的重要一项，财政性教育经费投入是教育事业发展的重要物质基础，教育优先发展的战略地位需要高水平教育经费投入作为保障。虽然，浙江经济发展迅速，财政收入健康，但是，随着国民经济发展进入"新常态"，经济增速放缓，地区财政收入趋紧，且人口老龄化问题日益突出，其他如医疗、养老等公共支出项目的需求持续增加，财政支出结构也将随之调整，教育财政经费的可持续投入问题愈加凸显。[①] 一方面，整体经济水平和财政收入的增速放缓会影响教育支出的"总盘子"，难以满足未来持续扩大的教育需求，另一方面，公共财政支出结构的调整极有可能造成对教育财政支出的"挤占效应"，对高质量教育的可持续发展具有不利影响。

（二）教育资源配置的均衡性问题仍存在

教育资源均衡化是教育均等化的根本前提，浙江囿于地理、历史及经济发展水平等多重因素影响，省内教育资源在各类层次上存在着分布不均衡问题。以义务教育为例，教育资源分布不均体现在四个层面：一是城乡义务教育发展不平衡，城乡义务教育在办学条件、师资水平等方面存在明显差距。尤其是近年来，农村劳动力不断流向城市后，一方面，农村居民子女对教育质量的认识和需求逐渐提高，另一方面，农村地区学校生源却急剧减少，出现了城镇学校拥挤、农村学校式微等一系列问题，进一步削弱了农村义务教育资源，变相加剧了城乡义务教育发展的不平衡[②]；二是地区之间的不平衡，浙江省下辖11个地级市及诸多县市区，各地市地理位置和经济发展

---

① 龚锋、余锦亮：《人口老龄化、税收负担与财政可持续性》，《经济研究》2015年第8期。
② 刘利民：《城镇化背景下的农村义务教育》，《求是》2012年第23期。

水平各异，教育资源分布、教育质量水平也存在差异；三是校际之间的差异明显，受支持方式偏差及激励机制扭曲的影响，财政资金在同一地区不同学校之间的分配存在差异，区域内办学条件越好，办学历史越悠久，师资更为优越的学校往往获得更多财政支持，形成强者愈强、弱者愈弱的不合理局面，进而还会造成"学区房"和"择校难"等问题①；四是群体之间的不平衡，浙江经济水平发达，就业机会和就业岗位丰富，是人口流入大省，其公共服务供给也需要考虑对外来和流动人口的需求保障，尤其是对农民工随迁子女教育权利的保障和满足，是推进教育均等化过程中应重点关注的问题。②

（三）教育阶段衔接单一，职业教育发展不足

浙江作为教育大省，同样也是人口净流入大省。近年来，浙江为适应经济体制转型，提升省内生产制造能力，开始提倡和发展职业教育，但职业教育的发展仍然面临着瓶颈：其一，受传统教育观念的影响，职业教育在社会上认可度不高，职业教育常被认为是考不上普通中学及本科的无奈选择，因此长期受到忽视；其二，从经济产业结构布局和地区技术要素水平看，浙江对于高技能劳动力资源需求潜力巨大。当前各地区均采取不同政策争抢劳动力资源，浙江更应努力引导和鼓励社会认可接受中等、高等职业教育，拓宽义务教育和高中教育毕业生的去向选择，持续缓解就业需求和劳动力市场供给的不匹配。

---

① 佘宇、单大圣：《中国教育体制改革及其未来发展趋势》，《管理世界》2018 年第 10 期。

② 刘燕、吕世辰：《农村劳动力转移与随迁子女教育需求探析》，《理论探索》2018 年第 4 期。

第三节　浙江促进公共教育均等化的经验与启示

一　完善财政投入增长机制，创新经费管理模式，集中财力办大事

提高财政教育支出比重，是提升公共教育均等化水平的根本前提。2021年，浙江统筹政府收入用于教育高质量发展，公共财政教育支出2039.98亿元，较上年增长8.45%，占公共财政预算支出的18.52%。为支持推动市县进一步增加普惠性学前教育资源供给、提高教师待遇、提高学前教育质量，落实义务教育经费保障机制，支持义务教育"两免一补"，浙江提高省属高校生均拨款定额标准至12500元/生·年。落实31.68亿元支持省高水平学科和高职国家"双高计划"、省"双高计划"建设。落实《浙江省引进高水平大学省级引导资金管理办法》，确定首批项目补助额度4.37亿元。除把教育作为公共财政支出的重点予以优先保障外，浙江省还积极通过统筹教育附加、土地收益、基本建设投资等手段补充教育投入；同时，主动吸纳社会资金进入公共教育领域，设立了促进市县民办教育发展的专项资金，建立了民办学校公用经费补助机制，允许竞争性专项资金向民办高等学校公平平等进入，政府通过科学谋划、合理引导，鼓励和支持社会资本进入公办、民办教育领域，还设立了普通高校捐赠收入财政配比资金政策，对普通高校接受的社会捐赠收入按1∶1进行补助，多措并举完善教育财政投入增长的制度机制。

同时，浙江还不断创新经费管理模式，改革完善新形势下教育财政资金的分配方式。加大专项资金整合力度，强化绩效管理理念，推行公式法、因素法等资金分配办法，比如省属高校财政拨款方式逐步从"经常性经费拨款+专项拨款"调整为"经常性经费拨款+绩效拨款+专项拨款"；深入推进专项性一般转移支付改革，比如对现

有的省对市县教育转移支付项目资金进行集中清理，按照绩效分配的理念，要求一个部门一个转移支付项目，对专项资金归并整合；调整提高年初预算资金下达率，预算单位可根据事业发展需要自主安排，95%以上资金通过年初预算直接下达，强化资金统筹能力，提高单位自主财权；对公办幼儿园开展成本分摊机制试点改革，构建以政府投入为主、受教育者合理负担、其他多种渠道筹措经费的成本分担机制，明确公办幼儿园保教费占保教成本的比例不高于40%，财政及其他渠道筹措的经费比例不低于60%，并建立动态调整机制，明确收费标准动态调整时限和间隔。

此外，浙江还集中财力办教育大事，在高等教育办学上，为引进国内外著名高校合作办学设立省级引导资金；为支持实施"双一流"建设，省财政专门安排配套专项资金；在学前和基础教育办学上，整合原教育发展专项资金和支持民办教育专项资金，设立新的前后统一教育发展专项资金，支持学前和基础教育阶段教育的重点工作和薄弱环节。

二 优化城乡教育格局，重视标准化建设在实现城乡教育均衡中的基础性作用

受地理环境、经济发展等因素的影响，区域之间、城乡之间、优质校与薄弱校之间、公办校与民办校之间教育条件和教育质量存在着一定的差距。义务教育阶段学校教育发展的不均衡导致学生受教育机会的不均等，则对学生的成长影响巨大。缩短这些区域差异的一个重要途径是推进"标准化"学校建设，通过对标准化学校的办学规模、基础设施、师资、课程等，并对如何建设标准化学校提出方案，进行规范条件和教育质量，从而在教育层面上，给所有学校以平等的待遇。大力建设薄弱校，将区域之间、城乡之间、公办校与民办校之间的差别控制在合理的范围内。标准化学校的建设对实现义务教育发展的均衡化，践行科学发展观的理念，促进和谐社会

的构建具有突出意义和价值。针对国家贫困地区义务教育工程研究发现,通过新建或改扩建小学与初中校舍、购置教学设备等措施,该工程较好地实现了"增智"的目标,受益儿童成年后的受教育年限显著提高。① 正是意识到这一点,国家大力推进学校标准化建设,2020年,浙江率先完成全省范围内的教育标准化建设,为实现城乡教育基本均衡奠定了基础。

自2004年开始,浙江在推进城乡统筹发展中,就将城乡教育均衡发展纳入整体考量。在此背景下,各地市结合自身情况,因地制宜,相继出台了多项推进城乡教育均衡发展的政策,而这其中的重点就是教育标准化建设,将农村薄弱学校改造、校安工程和义务教育标准化学校建设等作为重点民生项目,实现城乡学校建设和设备设施配备标准一致;强化内涵建设,适应人口集聚趋势,扩大城区学位供给,持续改善办学条件,控制小学、初中班额在合理的范围之内。这种思路保证了浙江在城乡统筹发展的同时能够优化城乡教育资源布局,促进教育资源的均衡分布。目前,省内城乡义务教育学校均达到标准化学校建设要求。

可见,在推进教育均等化水平中,需要因地制宜,前瞻性的布局和优化城乡义务教育格局,立足各地经济社会发展水平、交通与自然条件等,因地制宜推进城乡学校格局优化。对于交通条件良好的地区,可以借鉴浙江"初中向中心镇集中,中心小学向乡镇所在地集中,新增教育资源向城镇集中"三个集中的经验,优化城乡义务教育格局,加快标准化学校建设;而对于交通不便的地区,做好学生规模预测。其中,对于学生规模稳定的乡村学校,要加快标准化建设;对于学生规模有减少趋势的乡村学校,要在标准化建设的同时,避免盲目投入。

---

① 汪德华、邹杰、毛中根:《"扶教育之贫"的增智和增收效应——对20世纪90年代"国家贫困地区义务教育工程"的评估》,《经济研究》2019年第9期。

三 创新交流和激励机制，均衡发展城乡师资力量

师资是教育高质量发展的重要组成部分，优质、稳定和可持续的教师队伍，更是公共教育均等化水平的重要推动力量。浙江作为教育大省和教育强省，同样面临师资队伍建设的共性问题。为缩小地区间的师资差异，解决城乡师资数量、素质和稳定性上的不均衡问题，一方面，全面实施义务教育学校校长教师交流制度，深入推进中小学教师"县管校聘"管理改革，根据新型城镇化推进带来生源变化和学校布局调整等情况，及时进行城乡、校际编制配备与岗位设置方案的调整，提高编制的使用效益；加强城乡师资交流培训，浙江省自2010年就建立中小学教师专业发展培训制度，对省内城乡教师开展全覆盖的业务轮训，标准化提升师资能力素质；推行教育结对帮扶制度，将县乡镇中小学校、县域高中、中职学校、高校均作为重点帮扶对象，建立"二对一"或"一对一"帮扶关系，组建跨地区教共体，拟在2022年结对义务教育学校500所，采取师徒结对、异地跟岗锻炼、同步课堂、送教下乡、网络研修、集体教研等形式，实现学段和学科全覆盖帮扶。

另一方面，加大对农村教师激励力度，引导和支持优秀骨干师资投身农村教育，实施农村学校教师特岗津贴，农村教师职称评审倾斜政策，在工资待遇、职称晋升上使农村教师普遍超过城市教师，如开展中小学正高级教师和省特级教师定向推荐、定向评价和定向使用，奠定开展教师城乡、校际之间流动交流改革的现实基础；如规定在省级及以上教师表彰奖励、培养培训、职称评聘等工作中，同等条件下要重点向26县教师倾斜或直接单列指标，如教育部乡村优秀青年教师培养奖就要求原则上从26县遴选产生；对于山区师资紧缺这类教育"老大难"问题，则采取超常规办法，对山区26县实施教师队伍质量提升工程，定向培养山区紧缺教师，连续10年为山区26县培养教师2300余名，并规定定向培养中小学教师在服务期内

原则上不得调出所在县，推动年轻骨干师资向农村学校和教育薄弱地区流动。

可见，尊重教师个体发展诉求，创新农村教师激励机制，因势利导，才能打造城乡高质量师资队伍。针对城乡师资规模、素质和稳定性的差异，可以总结借鉴浙江城乡义务教育教师"县管校聘"改革经验，建立完善农村教师激励机制，适度提高福利待遇，拓宽职业发展路径，特别是在业务培训、职称评聘、评奖评优上向农村倾斜；同时，还应建立完善城乡教师交流机制，实现义务教育学校教师城乡流动常态化，尽可能挖掘发挥如骨干教师、退休教师等类型师资的作用。

四　创新教育联合体模式，促进优质资源整合共享

教育均等化的重要推进路径之一是教育资源均衡配置，统筹、整合和优化省市县乡的各层级、各类型、各阶段的教育资源，是推动教育高质量发展的重要资源基础。浙江省虽然教育资源丰富，但教育发展特别是教育资源格局的"集中化"趋势明显，优质教育资源向核心区域集中，尤其表现在城乡、区域层面，虽然浙江在解决城乡、区域教育差异问题上作出了很多可总结的工作经验，城乡教育资源配置在数量上得到缓解，地区教育资源的质量也基本拉平，但是随着素质教育再升级、生育率降低导致的适龄入学人数锐减、新型城镇化和乡村振兴等新问题出现，教育需求侧可能出现新的城乡、区域教育资源均衡问题。

针对这种动态化的资源配置和教育格局需求，浙江创新教育资源的统筹模式，推进教育集团化办学和城乡学校共同体建设，探索了"教育集团""城乡教育共同体""学校联盟"等新路径、新办法，采取"强校+弱校"或者"名校+新校"的协同办学模式，努力实现教育资源的优质提升、联动共享和动态调整。城乡义务教育共同体主要包括融合型、共建型、协作型三种模式。鼓励各地进行教共体

模式探索与创新。融合型教共体是指一所城镇学校与一两所乡镇学校全面重组，融合成"一校二区"或"一校多区"，开展同步化办学。融合型教共体城乡各校区合为一个法人单位，人事、财务、管理统一。各校区实行"师资同盘、教学同步、培训同频、文化同系、考核一体"的管理模式，实现一体化发展。融合后的各校区可按原学区划分独立招生；达成扶弱提升目标后，合并的校区可重新分设独立。融合型教共体主要适宜在县域内施行。共建型教共体是指将乡镇学校的教育教学业务委托给城镇学校管理，或城乡若干所学校结为紧密型教育集团办学。由一所城镇核心校牵头，各成员校实行"资源共享、管理共进、教学共研、文化共生、考核捆绑"的管理模式，在办学理念、学校管理、教育教学、学校特色等各方面实现共生发展。共建型教共体各成员校法人独立、财务独立，但工作统整。鼓励各地积极探索，通过政府购买服务等方式，引导优质民办学校托管乡村小规模学校，助力办成"小而优"乡村学校。共建型教共体主要适宜在县域内施行。协作型教共体是指一所城镇学校与一所或若干所乡镇学校结对联盟，不打破原有学校各自的人事、管理体制，通过线上线下多种形式的项目协作，由核心校对成员校在业务上给予引领、指导和帮扶。协作型教共体实行"愿景协同、机制协同、研训协同、教学协同、项目评估"的协作模式，以项目化推进的方式，在学校发展顶层设计、教师交流培养、课堂教学研讨、集体备课、校本教研等方面实现借力发展。协作型教共体主要适宜在省内跨区域施行，鼓励有条件的地区在长三角地区或东中西部间跨区域组建协作型教共体。

以浙江嘉兴为例，该市统筹市县乡三级教育资源，引入民办教育资源，建成教育集团28个，涉及校区59个，建成城乡学校共同体65个，覆盖学校261所，集团化和共同体学校占全市义务教育学校总量的93.88%。这种"以城带乡、以强帮弱、公民合作"的城乡教育联合体模式，通过组建"教育集团""城乡教育共同体""学校联盟"等途径，创新教育联合体模式，具体管理上如加强对教育联合体的共同考核，提高教育联合体的黏度等。2022年起，浙江将全面推进以融合型、共建型、协作型三种模式为主的新时代城乡义务教育共同体建设到"十四五"末期。县域内融合型、共建型模式的教共体比例不低于80%，实现全省乡村、镇区公办义务教育学校教共体全覆盖。又如创新教育联合体合作教学教研方式，开展线上线下教学活动、教研活动、交流任教等；再如联动推进教育联合体与"互联网+教育"模式创新，真正推动城区或县城义务教育优质学校与乡镇义务教育学校之间的共同发展。

五　创新"互联网+"义务教育模式，提高教育信息化水平

教育信息化水平是教育均等化的重要指标，随着网络信息技术的发展迭代，教育信息化水平正开始反哺教育发展，并逐渐拉大教育资源和质量的鸿沟。[①] 浙江作为互联网技术前沿省份，在发展教育的过程中，把教育信息化短板问题作为首位突破口，充分依托信息技术产业优势，在城乡发展和社会治理中，同步提升义务教育阶段学校信息化水平，努力拉平基础教育阶段的城乡学校信息化差距。浙江充分利用"互联网+"义务教育，创新推进城乡学校"同步课堂"建设，联动推进"互联网+"义务教育和城乡教育共同体建设，努力用互联网新技术缩小城乡教育差距。当前，浙江省内多地市已在建或建成开放共享的智慧教育全新体系，智能化的"互联网+教育"环境已见雏形，智慧教育示范效应显现。从可推广的经验看，通过加快城乡学校新型数字基础设施建设，实现网络全覆盖，提高城乡网络多媒体教室比重和使用率；大力建设覆盖城乡所有教育行为主体的智慧教育平台，促进教育管理、教师教学、学生学习、家校联动等各环节智慧应用；积极创新和推广市域、县域甚至跨省市的校际

---

① 陈海东：《信息技术促进教育优质均衡发展：内涵、案例与对策》，《中国电化教育》2010年第12期。

"互联网同步课堂"。这种"互联网+教育教学"模式提高教育信息化水平的思路，本质上数字赋能加快城乡智慧教育发展，兼顾了效率和公平，通过推进城乡智慧教育发展，进而促进城乡义务教育公平。在《浙江省教育事业发展"十四五"规划》中，浙江将教育数字化改革作为重点发展内容，提出要完善学校新型基础设施，构建"互联网+教育"应用场景，打造500所基于5G、物联网、人工智能等新技术的智能化校园，建设5000个新型教学空间。组织创建技术赋能智慧校园创新试点区（校）。

六 积极推进跨地区合作，引入先进教育理念，打造优质教育资源和品牌

浙江作为东部沿海发达地区，充分发挥区位优势，在推进"接轨上海"发展战略过程中，将义务教育作为教育均等化的发展重点，积极探索跨城乡、地区和省际合作，引入素质教育、通识教育等先进理念，打造本地优质教育资源和品牌，持续提升义务教育均等化水平。比如，浙江和上海在省市区多个层级都签订了教育战略合作框架协议，浙江省内教育学院、师范学院等教研、师资培训机构，主动对接上海华东师范大学、复旦大学等高校与教研部门，定期开展举办各类师资培训、教学研讨活动；同时，两地义务教育学校广泛开展结对互助，开展全方位教育教学合作交流。由浙江经验可知，区域合作是缩小区际教育均等化水平差距的重要路径，教育领域的区域合作，顶层设计上，应积极建立完善跨省市县三级的教育合作机制，不断完善优秀名校、教育集团的跨地区帮扶机制，持续强化义务教育领域的帮扶交流；引导鼓励各地区积极主动推进与省内、国内教育先进地区和学校的教育合作；创新推广教育发展战略合作、优质师资联合培养、义务教育学校结对、师资交流学习等模式，促进教育质量共同提升。

七 协同推进体制机制改革，促进教育均等化发展

浙江是人口流入大省，2021年义务教育中小学随迁子女在校生158.96万人，居全国第二，其中在公办学校就读人数126.37万人，占79.5%，外省户籍随迁子女占在读随迁子女的五分之四。对此，浙江注重协同联动各类体制机制改革，推进城乡义务教育均等化，尤其是保护、保障和发展各类群体义务教育权利权益。在随迁子女入学方面，浙江通过体制机制创新，保障保护随迁子女教育权益。采取的措施有以下几项。

一是纳入教育统筹规划。浙江将随迁子女义务教育纳入政府教育事业发展规划，积极落实国家"以流入地政府为主，以公办学校为主"的要求，合理配置和挖掘教育资源，努力满足随迁子女在流入地读上书读好书需求。对此，浙江积极推进户籍与公共服务制度改革，实现随迁子女入学同城化待遇；建立全市统一的新居民积分制管理办法，落实以居住证为主要依据的随迁子女义务教育入学同城化待遇。二是纳入财政经费保障范围。浙江加强随迁子女义务教育经费保障和投入，设立省级随迁子女教育专项资金，2022年省级财政划拨11.51亿元，主要用于学校基础设施改造、教学设备购置，改善接受随迁子女教育的学校办学条件；同时，实现建档立卡贫困学生资助全覆盖，财政兜底保障困难学生受教育的权利。三是保障随迁子女公平受教育权。浙江制定完善随迁子女在当地升学考试政策，改革完善随迁子女在该市接受义务教育后升学考试政策，以完善的中考和高考制度保障义务教育公平，按权利义务对等、梯度服务原则，大力推进随迁子女积分量化入学，目前全省已有72个县（市、区）推行随迁子女积分量化入学；浙江还在全国率先实行随迁子女就地参加高考升学，2021年在浙江省参加中考、高考报名的随迁子女人数分别为10.8万人、4.2万人。此外，可将随迁子女教育纳入相关部门考核目标，将随迁子女教育纳入区县党政目标责任制

考核。可见，推动教育均等化发展，应在体制机制改革层面，明确紧盯短期目标、前瞻制定中期路径、动态调整长期规划，用持之以恒的制度改革促进教育均等化水平的提升。

八 探索终身学习社会，实施社会人员学历提升行动计划

共同富裕的教育目标应该是满足不同阶段、不同层次、不同群体的多元受教育需求，聚焦打造终身学习型社会，提升社会各群体尤其是低学历群体的学历层次和受教育水平，有效开发人力资本，应对人口老龄化问题，进而服务和推进共同富裕实现。为探索终身学习型社会的浙江示范，浙江制定并实施了社会人员学历提升行动计划，依托包括中职学校、成人中专（电视中专）、乡镇（街道）成人文化技术学校（社区学校）、符合条件的企业职工学校、社会培训机构等省内各类学校，开展实施初高中两级成人"双证制"教育培训，采取线上线下、理论技能相结合的学习方式。此外，根据社会实际，成人"双证制"职业高中还把就学年龄放宽至60周岁，鼓励和发掘所有有学习意愿的相关社会人员，自由选择学习方式进行学历提升。这种学历提升计划，本质上是在提高整体社会成员的受教育年限，无论是从小学提升到成人初中，还是从初中提升到成人高中层次，都可以平均提高3—4年的受教育年限水平，从而实现整体大幅提升社会教育水平。经过几年的探索实践，浙江学历提升计划机制已相对完善，具体而言，包括以下几个方面的措施。

首先，学习课程及专业设置上，一是调整专业目录。对现有专业目录进行职业化调整，重点增设契合经济社会发展需求、社会人员职业发展需求和个人自我发展需求的相关专业。二是优化培养方案设计。加强对成人中专、成人大专、成人本科等继续教育人才培养方案的一体化设计，注重学历与非学历教育课程的融通融合，不断调整和提高教学内容与职业岗位的适应性、匹配度；通过省级统筹、顶层设计，中高职一体化建构培养目标、开发相互衔接的统一课程

标准方能化解高职院校与中职院校的课程衔接难题。① 三是扩大招考规模。持续扩大面向社会人员的成人单考单招，不断提升学历提升人员规模。四是完善优化教学平台，根据不同学历层次的特点，结合社会人员工作生活实际，依托"浙江学习网"，开发了成人初中、成人高中和职业技能培训等相应课程的在线学习子平台，并衔接高校在线精品课程共享平台，不断优化服务社会人员在线学习平台和资源。

其次，在教学教务管理上，建立正规统一、简便高效的管理平台，将入学注册、学习记录、课程考试、学分认定和成绩证明等功能全部纳入，实现社会人员随时随学随认。当社会学习者完成规定必修课程的学习，并通过全省统一考试时，学分银行便可出具成人初高中对应层次的课程成绩合格证明，经各地市教育部门审核，便可直接作为成人初高中相关课程成绩。由浙江开放大学牵头，依托数字浙江建设，进一步丰富"学分银行"制度，完善学分银行管理平台建设，扩大学习成果认定覆盖面，根据实际需要在普通高校、职业院校、成人高校、自学考试机构、成人中专（电视中专）、乡镇（街道）成人文化技术学校（社区学校）、企业职工学校、社会培训机构等设置受理点并有专人负责，为社会学习者开设学分银行账户，建立学习成果登记、认定、存储与累积制度，形成个人可信数字学习档案。建立和完善学习成果转换互认机制，为符合条件的学习者提供学习成果学分认证和转换，为社会人员学历提升工作搭建终身学习"立交桥"。

最后，浙江积极推动各地市建立完善社会人员学历提升政策保障，完善学历积分入户制度等相关激励措施，增强外来务工人员归属感。一是加强经费保障。加强社会人员学历提升工作经费保障，根据《浙江省人民政府办公厅关于开展成人双证制教育培训工作的

---

① 蔡继乐、翟帆、蒋亦丰：《构建一体设计、递进培养的省级标准，探索长学制技术技能人才贯通培养——中高职一体化课改的"浙江实践"》，《中国教育报》2022年9月23日。

通知》规定，落实成人"双证制"教育培训经费及相关工作。二是采用学历提升补助。鼓励各地创造条件争取对大专及以上学历提升给予补助，积极推动落实企业依法履行职工教育培训和足额提取教育培训经费的责任，鼓励和倡导企业出台支持职工参与学历和技能提升激励政策，包括安排时间确保职工参与学历和技能提升并进行经费补助，对取得学历人员，根据成绩与学习表现给予一定补助和适当奖励。

九 大力发展职业教育，建立长学制和中高职一体化人才培养模式

随着经济社会发展和产业结构调整，中国将需要更多高素质技术技能人才，加快构建现代职业教育体系，培养增强职业教育适应性势在必行。国务院发布的《关于推动现代职业教育高质量发展的意见》也指出："职业教育是国民教育体系和人力资源开发的重要组成部分，肩负着培养多样化人才、传承技术技能、促进就业创业的重要职责。在全面建设社会主义现代化国家新征程中，职业教育前途广阔、大有可为。"[①] 浙江省作为技术制造业大省，优化职业教育类型定位，深化产教融合、校企合作，深入推动职普融通，推进职业教育育人方式、办学模式、管理体制、保障机制改革，稳步发展职业本科教育，建设了一批高水平职业院校和专业。其间，浙江重点推进了职业教育体系发展与改革，重点解决职业教育人才的就业问题，进而提升社会对职业教育的认可度。一是夯实中等职业教育基础地位。坚持高中段普职协调发展，把中等职业教育作为高中段教育的重要组成部分和现代职业教育体系的基础环节抓实抓好。二是深入推进职业教育长学制改革。一体设计、学段衔接、技能递进，规范、优化、创新长学制技术技能人才培养模式，逐年提升长学制

---

① 《中共中央办公厅 国务院办公厅印发〈关于推动现代职业教育高质量发展的意见〉》，2021年10月12日。

人才培养占中职招生的比例，持续扩大5年制人才培养规模，深化中本一体化培养，探索并争取适度扩大规模，逐步使长学制培养成为职业教育人才培养的主渠道。2022年中高职一体化五年制职业教育计划招收初中毕业生6.46万人，占中职招生的30%。加快长学制人才培养相关教学标准等配套建设，全面启动中高职一体化课程改革，首批启动30个专业标准研制工作。三是大力发展本科职业教育。推动完善职业教育类型教育格局积极向本科层次延展，服务高端产业和产业高端，并作为关键环节予以突破。深化并扩大本科职业教育试点，支持符合条件的高职院校试办职业教育本科专业或升格为本科层次职业学校。支持高水平职业院校高水平专业（群）与本科高校合作开展专升本培养试点。

教育的均衡发展不仅是共同富裕的内在要求，同时也是实现共同富裕的基础推力，作为提升人口素质和人力资本的重要途径，在当前中国经济发展转型的关键节点，教育的均衡发展对增加人均受教育年限，将人口红利转化为人才红利具有重要意义。而浙江作为共同富裕先行示范区，在积极推进基本公共服务均等化及高质量发展中，将教育发展从传统"目标结果"的后置位置，主动调整为"促进抓手"这一前置位置；将引导和发展人民对于教育的多元需求作为当前经济社会发展阶段中教育领域的内在要求；将持续提升公共教育服务的规模和质量，特别是提高义务教育的供给数量和供给质量，作为共同富裕先行示范区的现实需求，采取多种政策和措施，不断扩大入学通道，提升教育质量，优化公共教育服务平台和载体，缩小教育资源差异，全面实现"学有所教"，在更高起点、更高层次、更高目标上推动教育均等化发展，充分保障教育公平，进而促进社会公平。

附录案例：促进公共教育均等化的浙江实践案例

——数字赋能　多方共建　助推教育优质均衡发展

作为教育公共服务均等化改革实践的先行者，浙江省依托自身信息产业优势，将"互联网+教育"的信息化道路与教育共同体模式改革实践有机结合，形成了"数字赋能、多方共建"的教育优质均衡发展路径。

本案例归纳了浙江省在"互联网+教育"与教育共同体这两大教育新发展模式的建设过程中的具体做法与成就，并对浙江省推动优质教育资源整合与提高教育信息化水平的实践经验进行总结。

公共教育是基本公共服务的重要组成部分，其发展情况反映着中国经济发展状况与国家治理能力现代化改革步伐。推进基本公共教育服务均等化及高质量发展是保障教育公平，实现"学有所教"，满足人民群众多层次的教育需求进而促进共同富裕的重要举措。

"十四五"以来，浙江省作为高质量发展建设共同富裕示范区，始终坚持把教育摆在优先发展的战略地位，全面提升基本公共教育均衡化、普及化水平。坚持抓牢优质公共教育资源共享的主线，通过"互联网+大数据"的技术创新与"多方参与、多方合作"的治理模式创新，实现优质公共教育资源的共享下沉。相继落实标准化学校建设规划、完善教育数字化建设、创新教师流动机制、构建城乡教育共同体、积极创建义务教育优质均衡县、大力推进职业教育体系发展与改革、推行职业教育产教融合、建设全民学习平台、实施社会人员学历提升行动计划，使浙江省基本公共教育服务均等化改革成为其高质量发展建设共同富裕示范区建设过程中的重大实践。

2022年，浙江省教育公共服务均等化改革取得重大成效：学前教育普及与普惠水平大幅提高，普惠性幼儿园在园幼儿占比为91.03%；教育普及化指标居全国前列，其中义务教育入学率为

99.99%，巩固率为100%，高中阶段毛入学率达98.7%，基本实现义务教育的全面普及；义务教育优质均衡高质量发展，校际办学条件差异系数0.27，为全国最低，体现浙江省义务教育学校办学的均衡化发展；在全国率先实现全省域基本教育现代化。

2022年，浙江省教育厅印发《"浙里优学"行动方案》，对"十四五"时期的教育共同富裕的教育高质量的目标体系、工作体系、政策体系及改革体系进行了完整阐述。同时提出"三个示范"（学前教育普及普惠示范省、义务教育优质均衡示范省、学习型社会示范省），"三个高地"（职业教育高地、人才高地、教育对外开放高地），"三个先行"（高等教育的改革创新、教育评价改革、数字化改革）的"十四五"时期教育共富改革目标，助力浙江省基本公共教育服务均等化及高质量发展。

一 数字赋能教育发展，助力教育资源提质下沉

依托数字赋能教育的治理模式，浙江省不断开创教育数字化改革新局面。"十四五"时期，浙江省教育数字化改革工作重点将从推进基本实现教育现代化向推进总体实现教育现代化转变，努力发挥教育信息化的支撑和引领作用，并将教育数字化打造成为浙江省现代化教育"重要窗口"，推进信息化引领教育体系的深层次、系统性、全方位变革与创新，并将其作为争创高质量发展建设共同富裕示范区实践中的重要组成。

（一）推进数字改革，打造数字化改革新成果

近年来，浙江省积极加快推动教育领域的数字化改革，形成诸多具有辨识度的浙江省数字化教育的改革成果。遵循"构建1个主体单元—完善3大支撑体系—提升6项关键能力—创新X个场景应用"的路径，建设"教育魔方"工程。初步完成教育大脑驾驶舱开发，迭代更新"教育魔方"技术中枢体系，实现"教育魔方"基础版在基础教育领域全覆盖，在67所高校完成落地，完成9个县（市、

区）定制版部署。

狠抓"双减在线""学在浙江"等重大改革应用的迭代升级，重点谋划推进"浙江校外培训""浙里课后服务""浙里问学""教育督导""浙里教育交流""教师服务一件事""教材服务一件事""教育领域疫情防控系统""高校智慧思政"和"儿童青少年近视防控"等重大应用的建设和持续迭代升级。

同时进一步推动高校数字化改革，推荐温州大学、杭州电子科技大学和浙大城市学院等高校优秀应用场景参加数字社会路演；浙江校外培训和温州大学"人才第一要事"应用入选第六批最佳案例集。制定《普通高等学校科研经费管理数据规范》，立项浙江省地方标准。

（二）发展在线教育，扩容优质教育资源

浙江省依托之江汇教育广场，逐步建设新时代城乡教育共同体智慧服务平台、职业教育产教融合智慧云平台、高校智慧思政平台和全民数字学习平台等全国领先的具有浙江辨识度的"互联网+教育"一站式服务平台，将优质课程上传至各大服务平台，实现优质教育资源的线上全民共享。

在推动线上教育高质量发展方面，浙江省逐步打造支撑大规模个性化教学的互联网学校，推进"名校上云"，推出"名师金课"，开展数字家校应用，全面普及"一校一师一生一空间"，每年全省超过25万名教师参与资源共建共享，年度在线访问量超过10亿人次。

同时为保证教师队伍适应数字化教育的发展需要，浙江省逐步推进"浙江省中小学教师信息技术应用能力提升工程2.0"，通过提高中小学教师应用信息技术的能力，全面提升教师信息技术素养，构建信息技术环境下名师资源共享及师资培养新机制，以适应目前浙江省数字化教育的改革步伐。

鼓励探索将符合条件的社会机构的优质在线课程资源引入课堂教学，逐步构建"公益+市场"的双轨机制，规范在线教育治理，推进在线教育可持续发展，如浙江省联合新华社、省检察院和省科协等多个部门，共享300余节社会课程资源，并于2023年推出"百名科学家进中小学课堂"系列综合育人课程。线上邀请中国科学院院士、西湖大学校长施一公教授开讲"科学第一课"，实现全省6500多所中小学500多万名师生同上一堂课。通过加速发展高质量在线教育，实现线上优质教育资源的有效扩容。

（三）依托线上帮扶，加强城乡优质教育资源共享

浙江省作为教育数字化改革的先行省份，通过结合数字化技术创新与城乡主体间的结对帮扶，实现城乡优质教育资源的共享。2018年浙江省教育厅办公室印发《浙江省义务教育学校"城乡携手、同步课堂"试点工作方案》，开展"城乡携手、同步课堂"项目试点，由县域内的城镇优质学校与乡村小规模小学或薄弱初中学校建立紧密型结对学校，利用互联网技术，将城镇优质学校优秀教师的课堂教学同步到乡村小规模小学和薄弱初中。

2019年，浙江省人民政府全面推进"互联网+义务教育"，创新利用"互联网+"等信息化手段，进一步探索城乡义务教育一体化发展的体制机制。全省1458所学校参与"互联网+义务教育"有效结对帮扶，建立了县域内城乡、市域内跨县、省域内跨市的三种城乡学校结对模式。依托互联网等信息技术优势，促进优质教育资源共建共享，扩大优质教育资源辐射面，实现城乡结对帮扶学校管理共进、教学共研、资源共享、信息互通、师生互动、差异互补，努力办好每一所乡村学校，推动城乡义务教育优质均衡发展，助推教育公共服务均等化。

受援的乡村学校占全省义务教育乡村学校的60%，首次实现全省300多所乡村小规模学校受援全覆盖。建成了满足城乡学校结对帮扶的数字教育资源公共服务平台，极大地促进了城乡教育资源的共享。公众好评率达到99.7%。

2021年，浙江省"互联网+义务教育"项目实现所有乡村小学

和乡村薄弱初中学校结对帮扶的全覆盖。

二 多元合作、多方共治，推动浙江义务教育均衡发展

近年来在义务教育领域，浙江省始终坚持多元合作、多方共治的教育发展模式，统筹各方优质教育资源，推进优质资源共享，推动浙江省义务教育从"基本均衡"的均等化阶段全面进入"优质均衡"的高质量发展新阶段。

2015年，浙江省成为全国最早实现所有县（市、区）全部通过国家义务教育基本均衡发展评估认定的5个省（市）之一；2018年，浙江省成为全国率先全面消除义务教育大班额的省份之一；2020年，浙江省义务教育标准化学校达标率达98.04%，义务教育学校校际差异系数控制在0.3以内。

（一）落实标准化学校建设行动，推进校际办学条件均衡

2011年以来，浙江省根据《国家中长期教育改革和发展规划纲要（2010—2020年）》相关要求，规定了义务教育标准化学校必须达到的最基本办学条件，加快建设标准化学校，实现师资、设备、图书、校舍等资源在城乡中小学的均衡配置，不断促进义务教育高水平均衡发展，总体上实现了"硬件"的均衡配置。

在标准化学校建设过程中，浙江省不断探索部门间合作机制，健全工作机制，完善配套政策措施，主动与发改、财政、人力社保等相关部门沟通联系，形成工作合力。如落实经费保障向乡村中小学倾斜，全面加强乡村小规模学校和乡镇寄宿制学校建设，进一步提高"两类学校"生均公用经费拨款标准等。

2018年，浙江省成为全国率先全面消除义务教育大班额的省份之一。目前，义务教育标准化学校达标率为98.04%，其中农村标准化学校达标比例高于全省平均水平0.54%。

（二）探索教师流动机制，推进教师资源共享

作为发展公共教育的基础，教师资源的跨校际与跨区域流动将成

为促进教育资源共享发展的重要举措。浙江省坚持以教师流动机制为抓手，通过教师的城乡与校际流动，促进学校间师资与教育资源的相互交流。同时落实全省教师资源的合作共享机制，各方参与实现浙江省教育事业的共同发展。

2013年7月，浙江省教育厅等四部门联合出台了《关于推进县（市、区）域内义务教育学校教师校长交流工作的指导意见》并扩大改革试点，2014年在全省范围内开展校长教师交流工作。一是建立和完善与交流制度相适应的编制、人事管理机制，县域内中小学教职工编制可以互补余缺，县级教育行政部门在本地区中小学编制总量内，按照班额、生源等，统筹使用中小学教职工编制，探索建立由"学校人"向"系统人"转变的教师管理新模式。二是要建立和完善校长选拔与名优教师评先评优机制，新任义务教育学校校长应有在2所及以上学校工作的经历。三是要建立和完善职称评聘机制，在职称评审中，农村学校中、高级教师的通过率原则上应不低于城镇学校，并逐步将教师到农村学校、薄弱学校工作时间作为申报评审教师职称的必备条件。四是要加大交流教师培养培训力度，扩大农村学校名师、学科带头人、教坛新秀等骨干教师的培养规模。据统计，2014—2016年浙江省共有35467名教师校长参与交流，其中骨干教师7237名，校领导3811名。

2016年浙江省教育厅等四部门联合印发《关于深入推进中小学教师"县管校聘"管理改革试点的指导意见》，2019年在全国率先实现改革地域、学段和教师全覆盖。通过改革，进一步畅通了教师跨校流动的编制和岗位障碍，教育部门可以根据教学需要配置教师资源，推动骨干教师向农村学校和薄弱学校流动，促进编制、岗位和优秀教师资源的均衡配置。通过"县管校聘"管理改革，进一步畅通和深化了校长教师交流工作，更加注重编制、岗位和优秀教师资源的均衡配置，科学设定专业技术岗位尤其是高级教师岗位，引导优秀教师为了业务发展从超岗学校流向空岗学校，从城区学校和名优学校流向农村学校和薄弱学校，使优质教师资源惠及更多的学校和学生。2017—2019年浙江省有4.2万名中小学教师跨校流动，有效打破了教师的校际壁垒。2020年，浙江省继续推进"县管校聘"管理改革的深化，探索与绩效考核、职称评审、岗位聘用、收入分配、跨校兼课等工作紧密衔接的新机制，逐步形成制度稳定、管理有效、程序公开、教师认同的中小学教师治理体系。通过各方教师自由流动的方式，促成校际与城乡间共同合作，共建省内教育事业。

（三）创新城乡教育联动机制，携手城乡共同体建设

2020年，在浙江省义务教育全面推进"互联网+义务教育"与结对帮扶的基础上，省教育厅等四部门联合出台全国首份全省域推行教共体文件——《关于新时代城乡义务教育教育共同体建设的指导意见》标志着浙江省在全国率先全省域推进融合型、共建型、协作型三种模式的城乡教育共同体建设。通过城乡同步课堂、远程专递课堂、教师网络研修、名师网课观摩四种形式，实现城乡学校硬件同步升级、学生同师授课、教师同台竞艺、学校同等发展，进一步推动城镇优质教育资源下沉，整体提升乡村学校教育质量和办学水平。

根据教育共同体发展基本要求，目前浙江省教育共同体的建设围绕五大领域，推进城乡教育的共同发展。一是通过建立教共体各校区内部教师流动机制，按教师配置相关要求，统筹安排师资，实现师资的有效流动；二是各校区除"同步课堂"外实行教学常规、教学进度、教学检测等不同程度的同步教学，并充分依托网络技术开展远程教学、教研与管理，力求实现各学校教学同步；三是在教师培养上组织教共体培训活动，共建共享优质培训资源，或通过教育共研、研训协同等方式，推动教研一体化的有序发展；四是加强教共体校园文化共商共建机制，组织文化交流活动，推进教共体学校内部的文化交融与共生；五是建立科学合理的考核评价方案，建立

健全各校区一体化考核评价机制，或通过项目化的方式对相关工作成效进行评估，推进教育共同体内部的考核一体化进程。

2020—2021年，省政府又先后将"新增城乡教育共同体结对学校（校区）1500家"和"支援山区26县和6个海岛县组建跨地区教共体结对学校500所"列入民生实事项目，2021年新增县域内融合型、紧密型城乡义务教育共同体结对学校1532所，完成城乡教师交流1700多人，交流的教师覆盖到所有受援的乡村学校。2021年底，全省城乡教共体结对学校累计达3685家，已覆盖所有乡村学校和80%城镇公办学校。截至2022年底，教共体预计可覆盖全省90%的公办义务教育学校。到"十四五"末期，县域内融合型、共建型教共体占比将不低于80%。作为推动义务教育均等化与高质量发展，实现共同富裕的重要创新举措，《全省域推动城乡教共体建设促进义务教育优质均衡发展》获评为全省高质量发展建设共同富裕示范区最佳实践。2021年初，浙江省城乡教共体实践案例被教育部基础教育司评为全国基础教育工作优秀案例。《人民日报》以"浙江建设教育共同体，探索义务教育'乡村弱'现象的破解之道——城乡学校，手拉手一起走"为题作深度报道，作为城乡教育均等化案例在全国进行推广。

第四章 推动以健康为中心的医疗卫生服务高质量发展

共同富裕是社会主义的本质要求，是中国式现代化的重要特征。切实推动基本公共服务均等化，提高社会保障水平，是实现共同富裕的必然要求和基本路径。完善的基本公共服务和社会保障是人民共享发展成果的重要制度安排，是应对社会风险、实现社会和谐稳定的基础，也是主要的人力资本投资途径，是新的经济增长点。搞好基本公共服务和社会保障，又可以为高质量发展提供持续创新的动力和源泉。

第一节 基本公共服务和基本健康服务均等化的内涵和评价

一 基本公共服务均等化的内涵

在一个发展中国家，推动基本公共服务均等化、提高社会保障水平是一个长期过程。基本公共服务均等化可以从投入与产出两个层面去理解。一方面，是面向受益人群的结果（产出）均等化，即所有公民都能够公平可及地获得所需的公共服务，且应该保障同类型公共服务在城乡、不同地域以及不同群体之间供给的水平与质量大致相同。在这个过程中，既可以通过"覆盖率"指标，确保机会均等，做到人人享有、公平可及，也可以通过确定基本的给付标准，保障待遇均等。另一方面，从投入层面来看，政府推进基本公共服务均等化要以财政均等化为重要前提。既要保证地方特别是基层政府间有大致均等的财政能力，又要将更多的财政资金投向民生相关的公共服务领域。

二 基本公共服务和基本健康服务均等化的评价方法

"十三五"时期是浙江高水平全面建成小康社会的决胜期，也是加快完善基本公共服务体系、推进基本公共服务均等化、补齐公共服务有效供给短板的关键期。党的十九大报告中对基本公共服务提出更高要求，以增进人民福祉、促进人的全面发展作为出发点和落脚点，以坚守底线、突出重点、完善制度、引导预期为基本思路，围绕标准化、均等化、法治化，完善公共服务体系，切实增强人民群众获得感。为此，浙江省制定了《浙江省基本公共服务体系"十三五"规划》（2016—2020年），提出到2020年全省基本公共服务均等化实现度达到95%以上的目标。"十三五"规划制定了基本公共服务清单，涵盖基本公共教育、基本就业创业、基本社会保障、基本健康服务、基本生活服务、基本公共文化、基本环境保护和基本公共安全八大领域，包括114个基本公共服务项目。

三 基本公共服务和基本健康服务均等化的评价结果

测算结果如图4-1和图4-2所示①，2016年全省基本公共服务均等化实现度为91.6%，比2015年提高3.7个百分点。其中，在基本健康服务领域，2016年全省基本健康服务领域均等化实现度为89.3%，比2015年提高3.6个百分点。具体而言，"人均预期寿命"

---

① 本小节资料来源："十二五"基本公共服务均等化实现度资料来自浙江统计局，http://tjj.zj.gov.cn/art/2018/11/23/art_1544537_33987475.html；"十三五"基本公共服务均等化实现度资料来自浙江发改委，https://fzggw.zj.gov.cn/art/2020/11/11/art_1620998_58924262.html。

"每千人执业（助理）医生和注册护士人数""5岁以下儿童死亡率""孕产妇死亡率""65岁以上老年居民健康管理率""经常参加体育锻炼人数比例"6项指标实现度均在90%以上，"每千人医疗床位数"实现度在80%—90%，"责任医生规范签约服务率"实现度较低，在50%以下。

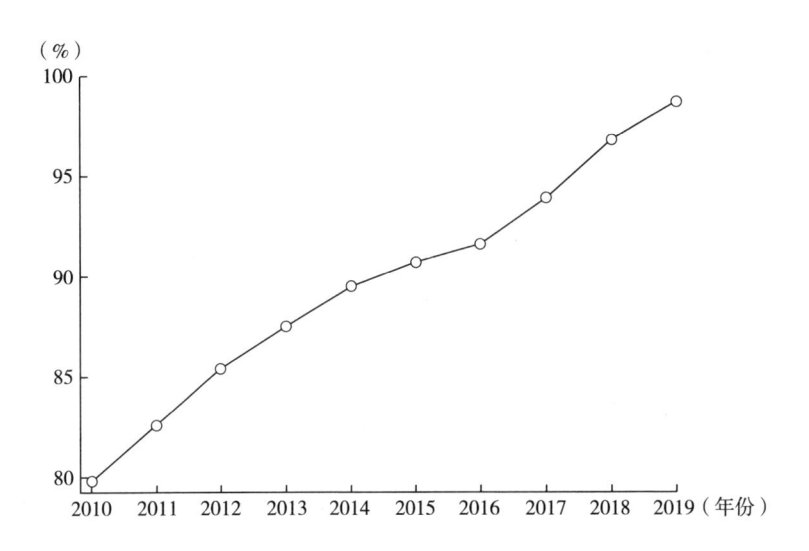

图4-1　2010—2019年浙江省基本公共服务均等化总的实现程度

从2017年度全省基本公共服务均等化实现度综合评价发现，2017年全省基本公共服务均等化实现度为93.6%，比2016年提高2.0个百分点。其中，在基本健康服务领域，2017年全省基本公共服务均等化实现度为94.6%，比2016年提高5.3个百分点。

从2018年度全省基本公共服务均等化实现度综合评价发现，2018年全省基本公共服务均等化实现度为96.8%，比2017年提高3.2个百分点，实现度已超过规划目标要求1.8个百分点。其中，在基本健康服务领域，2018年均等化实现度为96.1%，比2017年提高1.6个百分点。该领域8项指标实现度差异大，发展不均衡，最高值与最低值差距25.4个百分点，但比2017年缩小3.9个百分点。

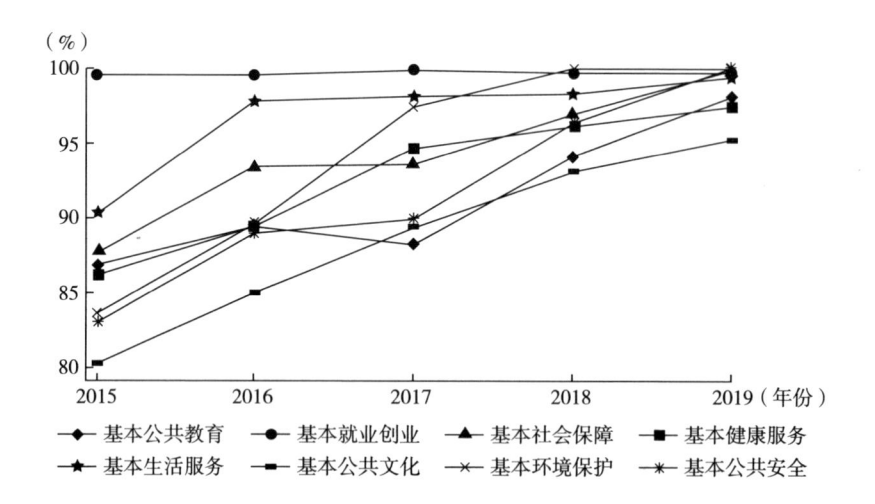

图 4-2　2015—2019 年浙江省基本公共服务均等化
八个领域的实现程度

从 2019 年度基本公共服务均等化实现度综合评价发现，2019 年全省基本公共服务均等化实现度为 98.7%，比 2018 年提高 1.9 个百分点。其中，在基本健康服务领域，2019 年均等化实现度为 97.5%，比 2018 年提高 1.4 个百分点。该领域 8 项指标中有 5 项指标已达到 100%，2 项指标实现度超过 95% 的规划目标。

第二节　浙江健康服务高质量发展的现状和问题

一　医疗卫生发展现状

（一）医疗服务供给

截至 2021 年末，浙江省医疗卫生机构有 3.51 万个（含村卫生室）。其中，医院为 1486 个，乡镇卫生院为 1055 个，社区卫生服务中心（站）为 4659 个，诊所（卫生室、医务室）为 13412 个，村卫生室为 11218 个，疾病预防控制中心为 103 个，卫生监督所（中心）为 99 个。另外，全省总的卫生技术人员数为 57.6 万人，比 2020 年末增长5.1%。其中,执业(助理)医师为23.2万人,注册护士为25万人,相比于2020年分别增长6.8%和7.3%。全省总的医疗卫生机构床位数为37.0万张,相比于2020年增长2.4%。其中,医院床位数为32.7万张,卫生院床位数为1.93万张。

图4-3汇报了2005—2019年浙江省每千人口医疗卫生机构数、每千人口医疗卫生机构床位数和每千人口卫生技术人员数的变化趋势。由图4-3可知,2005—2009年,每千人口医疗卫生机构数由3.6家下降为1.53家,下降幅度为57.5%,之后从2010年的1.51家下降至2019年的1.32家,下降幅度为12.58%。而每千人口医疗卫生机构床位数和每千人口卫生技术人员数在2005—2019年总体上保持增加的趋势,其中每千人口医疗卫生机构床位数从2005年的2.85张增加到2019年的5.99张,上涨了1.1倍;每千人口卫生技术人员数从2005年的4.31人增加到2019年的8.9人,上涨了1.06倍。

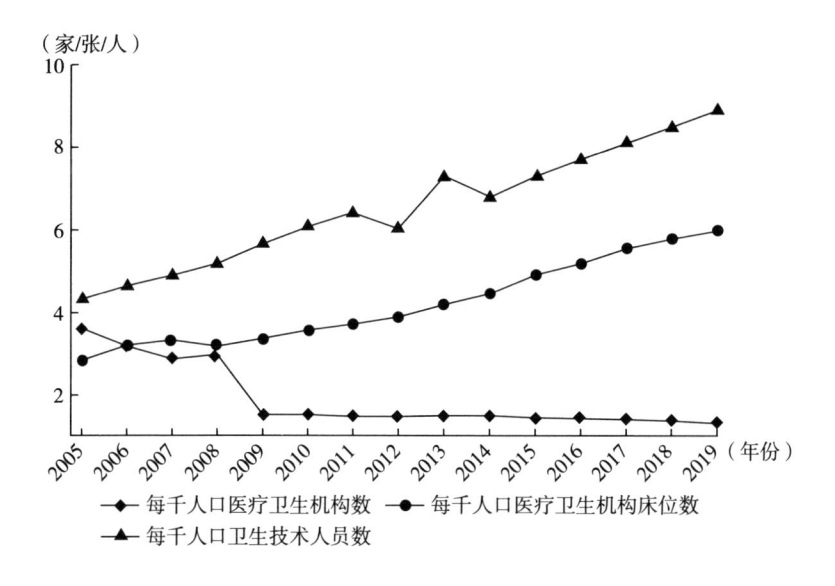

图4-3 2005—2019年浙江省医疗资源供给情况

(二)医疗服务利用

图4-4汇报了2007—2019年浙江省医疗卫生机构诊疗人次数的

变化趋势。由图 4-4 可知，2007—2019 年，浙江省医疗卫生机构诊疗人次数起伏变化较大，其中 2009 年、2016 年和 2019 年诊疗人次数显著增加。截至 2021 年末，浙江省医院全年总诊疗 2.99 亿人次，比上年增长 15.2%。另外，全年诊疗服务平台预约请求量 1338 万人次，预约成功量 904 万人次，分别比上年增长 28% 和 34%，日均预约成功量 2.48 万人次；新增注册用户 961 万人，增长 109%，日均注册量为 2.63 万人；新接入医疗卫生机构 201 家，累计接入医疗卫生机构 1693 家。

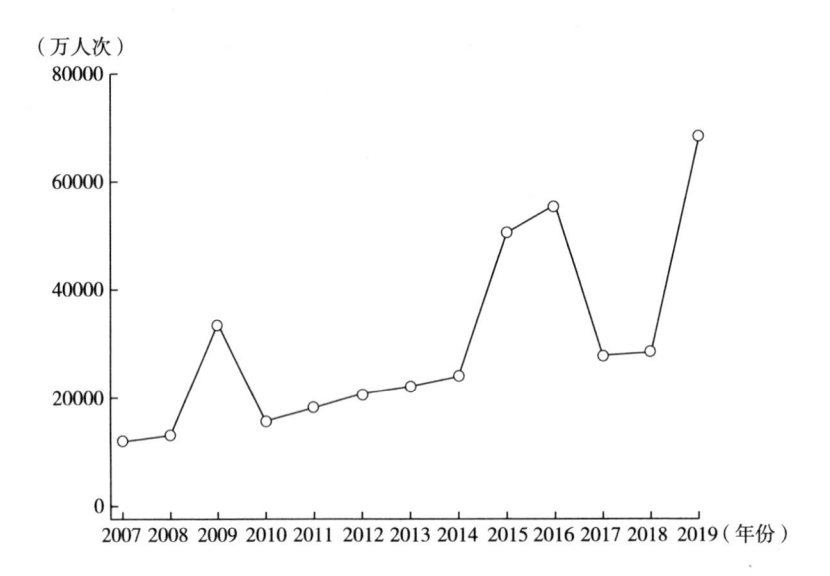

图 4-4　2007—2019 年浙江省医疗卫生机构诊疗人次数

图 4-5 汇报了 2005—2019 年浙江省医疗卫生机构平均住院天数的变化趋势。由图 4-5 可知，2005—2019 年，浙江省医疗卫生机构平均住院天数逐年显著下降，从 2005 年的 11.8 天下降到 2019 年的 9.3 天，降幅为 21.19%。结果表明，浙江省医疗机构的运营效率和医疗质量一定程度上有所改善。

图4-5　2005—2019年浙江省医疗卫生机构平均住院天数

（三）基本医疗保险参保人数和基金收支情况

图4-6汇报了2016—2021年浙江省医疗保险参保人数的变化趋势。由图4-6可知，2016—2021年，基本医疗保险参保人数逐年增加，其中职工基本医疗保险参保人数不断增加，相反，城乡居民基本医疗保险参保人数逐年下降。具体到2021年，浙江省参加基本医疗保险人数5655万人，比2020年末增加98万人。其中，参加职工基本医疗保险（含生育保险）人数为2736万人，比2020年末增加157万人。参加城乡居民基本医疗保险人数为2919万人，比2020年末减少59万人。

图4-7汇报了2018—2021年浙江省基本医疗保险基金收支情况。由图4-7可知，2018—2021年，基本医疗保险基金总收入、总支出和年末滚存结余逐年增加，其中基本医疗保险基金年末滚存结余增幅较大。具体到2021年，浙江省基本医疗保险基金总收入为2029.27亿元，年均增速11.8%。基金总支出为1628.62亿元，年均增速9.0%。基金年末滚存结余2857.53亿元，年均增速16.5%。

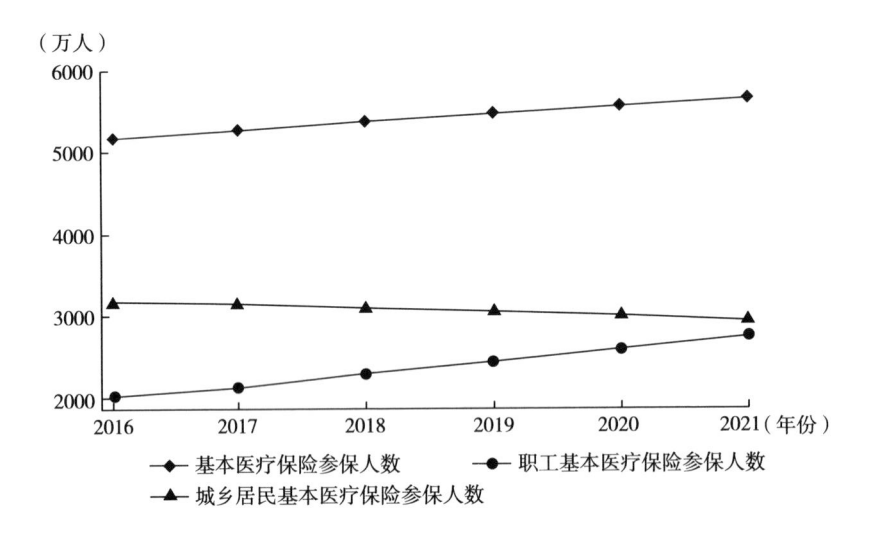

图 4-6　2016—2021 年浙江省医疗保险参保人数

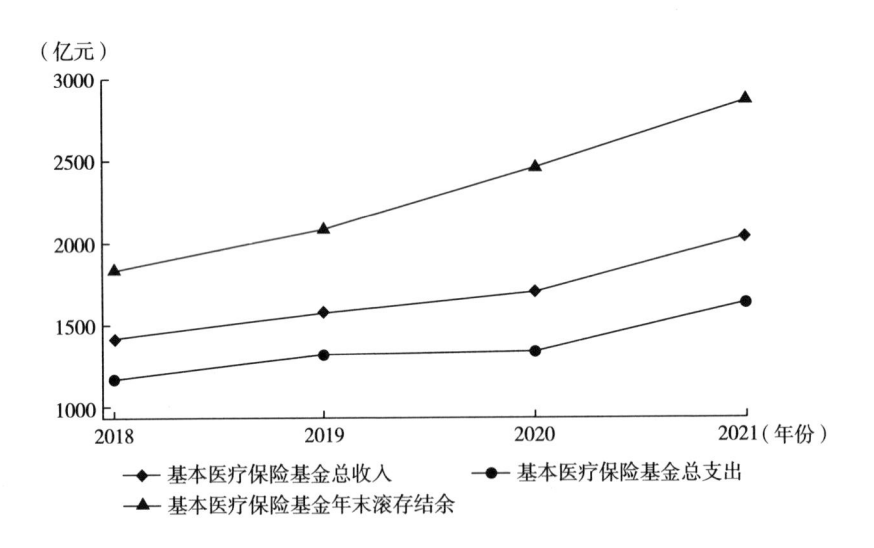

图 4-7　2018—2021 年浙江省基本医疗保险基金收支情况

图 4-8 汇报了 2016—2021 年浙江省职工基本医疗保险基金收支情况。由图 4-8 可知，2016—2021 年，职工基本医疗保险基金总收入、总支出和年末滚存结余逐年增加，其中职工基本医疗保险基金

年末滚存结余增幅较大。具体到2021年，职工基本医疗保险基金总收入1549.27亿元，年均增速15.8%。基金总支出1173.82亿元，年均增速11.1%。基金年末滚存结余2599.16亿元，年均增速15.7%。

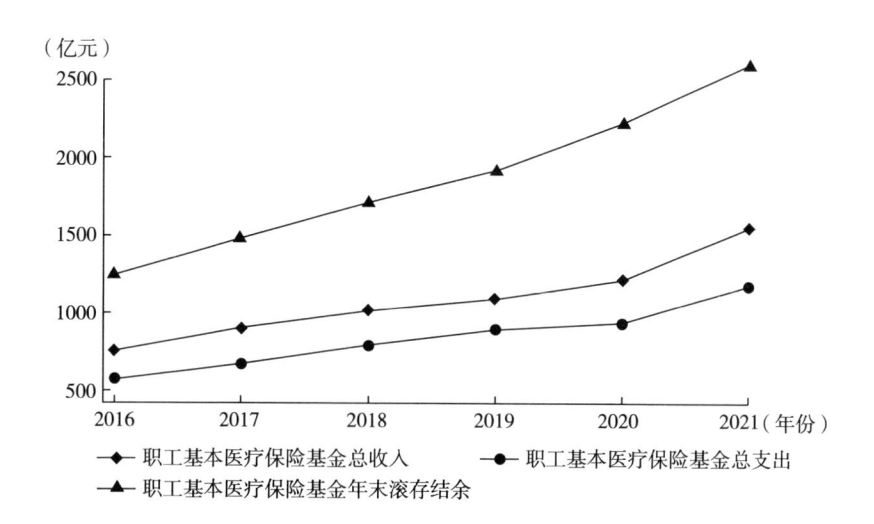

图4-8　2016—2021年浙江省职工基本医疗保险基金收支情况

图4-9汇报了2016—2021年浙江省城乡居民基本医疗保险基金收支情况。由图4-9可知，2016—2019年，城乡居民基本医疗保险基金总收入、总支出和年末滚存结余逐年增加，其中城乡居民基本医疗保险基金年末滚存结余增幅较大。但2020—2021年，城乡居民基本医疗保险基金总收入和总支出略有下降。具体到2021年，城乡居民基本医疗保险基金总收入480.00亿元，年均增速1.2%。基金总支出454.80亿元，年均增速4.1%。基金年末滚存结余258.37亿元，年均增速25.1%。

(亿元)

```
500
400
300
200
100
      2016   2017   2018   2019   2020   2021(年份)
```

◆— 城乡居民基本医疗保险基金总收入　●— 城乡居民基本医疗保险基金总支出
▲— 城乡居民基本医疗保险基金年末滚存结余

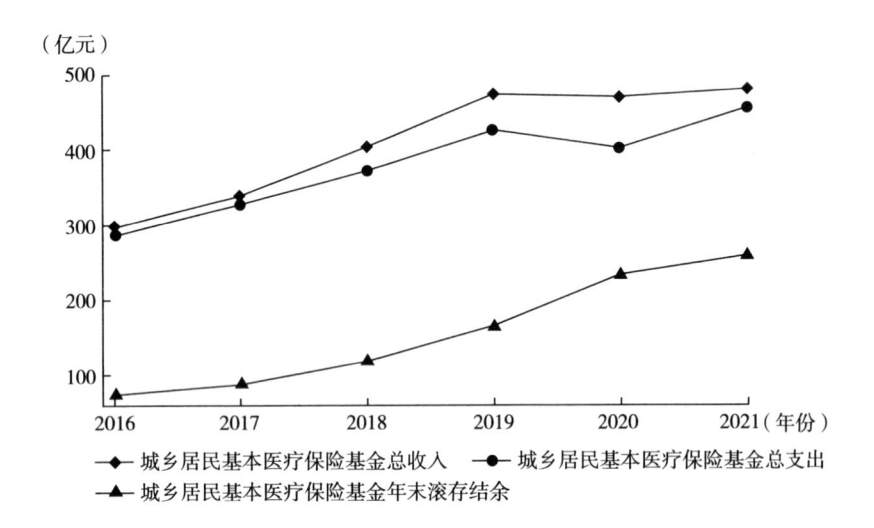

图 4-9　2016—2021 年浙江省城乡居民基本医疗保险基金收支情况

二　医疗卫生领域存在的问题：发展不平衡不充分

第一，从供给侧看，主要体现为医疗卫生资源结构不尽合理，质量效益有待提高。区域之间、城乡之间、医疗与公共卫生之间的资源供给不均衡，妇女、儿童、老年人和贫困人口等重点人群的资源供给相对短缺，基层医疗服务能力不强与城市大医院服务过度并存；医疗卫生服务体系碎片化，缺乏整合、系统、连续的服务；基层缺人才、缺技术、缺管理的问题突出。如表 4-1 所示，2019 年浙江省不同地级市每千人医院数（家）分布是不平衡的，每千人医院数（家）最多的是杭州市（4.31），最少的是温州市（1.77）。2019 年浙江省不同地级市的每千人医院床位数（张）分布也是不平衡的，每千人医院床位数（张）最多的是杭州市（10.06），最少的是台州市（4.57）。2019 年浙江省不同地级市的每千人执业或助理医师数（名）分布也是不平衡的，每千人执业或助理医师数（名）最多的是杭州市（6.16），最少的是衢州市（2.89）。

表 4-1　　2019 年浙江省不同地级市的医疗卫生资源

地级市	每千人医院数（家）	每千人医院床位数（张）	每千人执业或助理医师数（名）
丽水市	2.07	4.83	3.07
台州市	2.19	4.57	3.17
嘉兴市	2.39	6.52	3.69
宁波市	2.96	6.14	4.86
杭州市	4.31	10.06	6.16
温州市	1.77	4.60	3.62
湖州市	2.61	6.32	3.52
绍兴市	1.99	4.91	3.64
舟山市	3.51	5.81	4.00
衢州市	3.49	5.18	2.89
金华市	2.95	6.16	3.85

资料来源：《浙江统计年鉴 2019》。

另外，医疗卫生机构的运营效率也有待提升。如图 4-10 所示，2005—2012 年，浙江省医疗卫生机构病床使用率逐年提升，从 2005 年的 85.3% 提高到 2012 年的 95.4%，但自 2013 年开始，医疗卫生机构病床使用率开始下降，截至 2019 年病床使用率为 88.4%。

第二，从需求侧看，主要体现为群众健康意识、生活方式、就医习惯有待改善。家庭医生签约服务制度还未全面落实。患者的就医负担依然较重，如图 4-11 所示，2012—2018 年，浙江省卫生总费用占 GDP 的比重逐年增加，从 2012 年的 4.39% 上升到 2018 年的 5.46%，到 2019 年略有下降，比重为 5.37%。另外，2010—2019 年，人均卫生总费用逐年增加，从 2010 年的 1924.75 元增加至 2019 年的 5433.29 元，涨幅为 1.82 倍。

图 4-10　2005—2019 年浙江省医疗卫生机构病床使用率

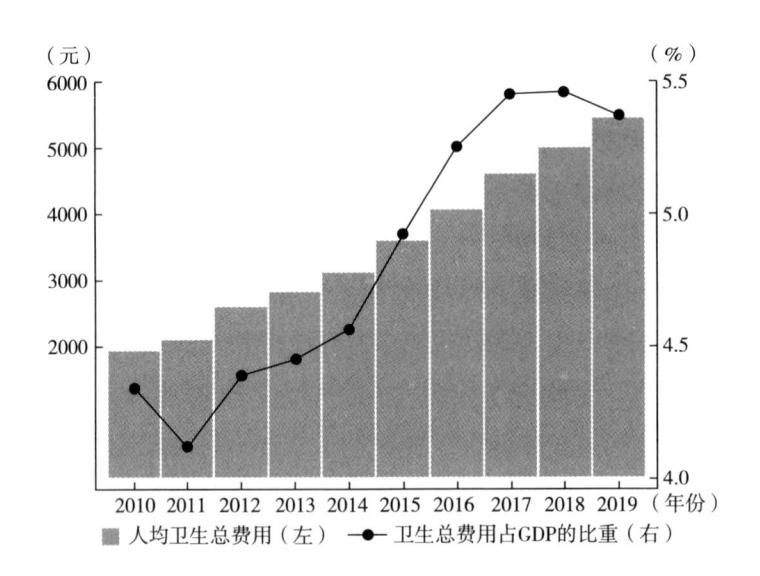

图 4-11　2010—2019 年浙江省卫生总费用

第三，从制度侧看，主要体现为重大改革发展政策缺乏统筹决策、整体设计和协同推进。改革资源碎片化、部门化，"三医"联而不动的现象仍然比较突出，统一、高效、权威的改革领导体制亟待建立和完善。整体政策与具体政策、顶层设计与分层对接、长期规划与阶段性任务之间没有很好地统一起来，特别是药品耗材供应保障、医疗服务价格、医保支付方式、人事薪酬制度和综合监管等重点领域、关键环节的改革，还缺乏整体推进的制度设计；科学控制医疗费用、促进医疗机构可持续发展、保障医保基金平稳运行、调动医务人员积极性和确保群众医疗负担可承受之间还缺少有效、联动的实践路径。

第四，从治理侧看，主要体现为治理思维、治理能力、治理方式不适应新发展需要。管理方法还比较落后，突出表现为：重事前审批、轻事中事后监管，习惯于做管控调配资源的"总院长"，不善于做过程和结果的"监管者"；重检查、评比和考核，轻指导、协调和推动，习惯于做台上的"裁判员"，不善于做台下的"施工员"；习惯于用简单的行政指挥和行政命令，不善于综合运用经济、法律和行政的手段，跟不上社会化管理、大数据应用、信息化服务的步伐。

第三节　推动基本健康服务均等化与高质量发展的目标与政策

一　"十四五"时期主要目标

加快提高医疗卫生领域公共供给质量和服务水平，是实现经济社会更高质量、更有效率、更加公平、更可持续、更为安全发展的基础，是建设共同富裕美好社会的应有之义，是彰显共同富裕省域范例的鲜明标志。在浙江省高质量发展建设共同富裕示范区的新使命中，医疗卫生领域不能失速，更不能缺位。

为全面深化医药卫生体制改革，高水平推进健康浙江建设，浙江省发展改革委、省深化医药卫生体制改革联席会议办公室印发了《浙江省深化医药卫生体制改革"十四五"规划》（以下简称《规划》)。"十四五"时期,浙江省将坚持以人民为中心的发展思想,坚持新时期卫生健康工作方针,以推动高质量发展为主题,以深化供给侧结构性改革为主线,以改革创新为根本动力,进一步明确医药卫生体制改革的总体方向、基本路径、重点领域和关键环节,深化"三医联动""六医统筹"集成改革,更加注重关口前移和重心下沉,更加注重结构调整和体系优化,更加注重数字化改革和制度创新,切实增强人民群众获得感,奋力打造全国综合医改示范省。

《规划》的主要目标是:到2025年,覆盖全民的基本医疗卫生制度更加成熟定型,"三医联动""六医统筹"集成改革标志性成果更加凸显,人人享有更加公平可及、系统连续、优质高效的全方位全周期健康服务,为基本建成健康浙江、加快卫生健康现代化和促进全体人民共同富裕奠定坚实基础。

主要目标围绕着五大主线:一是分级诊疗格局更加合理。坚持居民自愿、政策引导、数字赋能,完善服务网络、运行机制和激励机制,巩固基层首诊、双向转诊、急慢分治、上下联动的分级诊疗制度。患者异地就医、跨区域流动明显减少,基层就诊率达到65%以上,县域就诊率达到90%以上。二是医疗保障更加有力。围绕"公平医保、精准医保、赋能医保、数字医保、绩效医保、法治医保"建设主线,形成更加完善的多层次医疗保障体系,医保基金战略性购买作用进一步强化,基本医疗保险户籍人口参保率大于99%,城乡居民医疗保障水平进一步提高,个人卫生支出占卫生总费用比例保持在26%以下。三是现代医院管理制度更加完善。强化体系创新、技术创新、模式创新、管理创新,健全维护公益性、调动积极性、保障可持续的运行新机制,推动公立医院高质量发展。医院收支结构进一步优化,公立医院医疗服务收入占比达到35%以上,人员支出占业务支出的比例达到45%左右。四是药品耗材采购供应机制更加健全。推动药品耗材集中带量采购工作常态化制度化,畅通采购、使用、结算等环节,药品耗材价格逐步回归合理水平。全面完成药品和医用耗材集中带量采购中选产品约定采购量，省级集中带量采购覆盖药品品种达 100 种、医用耗材达 20 类，竞争性准入药品采购金额占比达到 65%。五是综合监管更加有效。健全职责明确、分工协作、运行规范、科学有效的医疗卫生行业综合监管长效机制，医疗、医药、医保等部门的联合双随机抽查率达到 25% 以上，医疗卫生单位依法执业自查率达到 35% 以上，医保信用监管定点医药机构覆盖率高于 95%。

表 4-2 "十四五"时期浙江省深化医药卫生体制改革主要指标

类别	序号	二级指标	单位	2020 年	2025 年目标值
分级诊疗制度	1	县域就诊率	%	88.90	≥90
	2	基层就诊率	%	53.60	≥65
	3	每万人口全科医生数	人	4.72	5
	4	三级公立综合医院出院患者四级手术比例	%	16.71*	18
现代医院管理制度	5	门急诊均次费用增幅	%	7.21	≤5
	6	住院均次费用增幅	%	5.63	≤5
	7	公立医院医疗服务收入占比	%	32.14	≥35
	8	公立医院人员支出占业务支出的比例	%	43.60	45
全民医保制度	9	基本医疗保险户籍人口参保率	%	>99	>99
	10	基本医疗保险基金年支出增长率	%	<10	<10
	11	城乡居民基本医疗保险政策范围内住院报销比例（含大病保险）	%	68	70
	12	个人卫生支出占卫生总费用比例	%	<26	<26
药品耗材供应保障制度	13	药品和医用耗材集中带量采购中选产品约定采购量完成率	%	100	100
	14	省级集中带量采购药品品种数	种	6	100
	15	省级集中带量采购医用耗材种类数	类	2	20
	16	竞争性准入药品采购金额占比	%	15	65

注：标 * 的采用 2019 年数据。

资料来源：《浙江省深化医药卫生体制改革"十四五"规划》。

二　推动卫生健康事业高质量发展

浙江省已率先成为全国深化综合医改的省域示范。2021年9月，国家卫生健康委员会、浙江省人民政府签署了《关于支持浙江省卫生健康领域高质量发展建设共同富裕示范区的合作协议》，支持浙江省持续深化综合医改，推进分级诊疗制度，构建整合型医疗卫生服务体系，加快"三医联动"集成改革突破，全省域推进紧密型城市医疗集团、县域医共体以及专科联盟和远程医疗协作网建设，充分发挥中医药在深化医改中的独特优势和作用，更好地在全国发挥示范引领作用。一方面，对于浙江省而言，卫生健康领域高质量发展如今有了更加明确的建设方向和实践指导；另一方面，对于全国各省深化医改而言，浙江省的示范带头作用无疑将为其提供更加具体的建设标准和实践指南。

"到2025年，基本建成健康浙江，实现'病有良医、老有康养、幼有优育'，人人享有优质、均等、普惠的全生命周期医疗健康服务。"这是浙江卫生健康领域勾画的共富健康蓝图。浙江省依此制定了《卫生健康领域高质量发展建设共同富裕示范区实施方案（2021—2025年）》，深入实施健康浙江行动。一是全省域推行"健康大脑+智慧医疗"，迭代升级"互联网+医疗健康"新服务，率先推进健康多跨场景应用，使人人享有便捷化、智能化、有温度的卫生健康服务。二是加快建设强大的公共卫生体系，健全监测预警、精密智控、医防融合等机制，加快建设省级医疗应急物资储备平台，提升突发公共卫生事件应对能力。三是健全整合型医疗卫生服务体系，有序推进三甲医院从中心城市向县市延伸，支持与地方政府合作办医，深化县域医共体和城市医联体建设，县级公立医院中三级医院床位占比达60%以上。实施乡镇卫生院基础设施补短板项目和村级卫生服务"网底工程"。深入实施医疗卫生"山海"提升工程，推动县级医院医疗服务能力换挡升级。四是超常规推进"医学高峰"

建设，努力打造国家医学中心、国家区域医疗中心、省级区域医疗中心，搭建生物技术、人工智能及医学应用一体化新平台，争取建设生命健康领域国家实验室基地，打造生命健康科创高地，基本实现大病诊治不出省。五是深化"三医联动""六医统筹"改革，争创国家公立医院高质量发展试点和国家中医药综合改革示范省，实现中医特色服务专病专科市级全覆盖、中医适宜技术基层全覆盖。加快家庭医生签约服务扩面提质、重点人群家庭医生签约覆盖率80%以上，调整优化全民健康体检项目、提高体检精准性，推进重点疾病早筛早诊早治，推进残疾预防工作，加强以老年人群为重点的高血压、糖尿病"两慢病"管理，实施青少年"明眸皓齿"工程，完善精神卫生和心理健康服务体系，重大慢病过早死亡率降至8.5%以下，总体癌症五年生存率达44%以上。六是基本形成全覆盖、均等化的全民健身公共服务体系，县（市、区）体育"一场两馆"覆盖率达到80%以上，办好亚运会、亚残运会，建设现代化体育强省。

浙江省推动卫生健康事业高质量发展，核心在于聚焦"优质、均衡、普惠和协调"①。落实"病有良医、老有康养、幼有优育"，加快推动优质医疗卫生资源有序扩容和均衡布局，不断完善分级诊疗制度，率先建成分级诊疗体系，着力构建优质高效的整合型医疗卫生服务体系，不断缩小城乡、区域和人群健康差距，实现人人享有全生命周期优质医疗健康服务，打造卫生健康事业高质量发展的省域示范。

在推动优质上，首先，要扩大卫生健康资源的公共服务供给，每千人医师数、每千人护士数、每千人床位数等供给水平要看齐高收入国家和OECD国家水准。其次，要适应人民群众需求结构升级，满足高品质、高质量公共服务的需求。在数量增长的基础上提升质量，实现从"有没有"向"好不好"的跃升，培育更多高能级平台、高

---

① 浙江省卫生健康委：《扩容提质强发展　普惠共享促均衡　努力在高质量发展建设共同富裕示范区中展现卫生健康新作为》，《政策瞭望》2021年第7期。

素质人才和高精尖技术等。最后，要强调供给有效率，通过构建整合型医疗服务体系、完善分级诊疗制度、建立现代医院管理制度，充分提升医疗卫生服务绩效与价值。

在推动均衡上，内部要重点关注城乡、区域和人群之间在健康水平和服务供给水平上的差异和不平等问题，推动城市优质医疗资源向市县下沉，持续提高县域医疗卫生综合服务能力，重点加强山区海岛县的医疗服务水平，全域提升居民健康水平。外部要注重融入全局，筑牢公共卫生安全屏障支撑发展大局，提升全民健康水平展现社会主义制度优越性；发挥好社会功能，提升民生福祉，实现民众共享社会发展成果，增强社会保障普惠共享。

在推动普惠上，要发挥和强调数字赋能优势，通过数字化改革牵引撬动高质量发展，让高效、便捷、智能、有温度的卫生健康公共服务惠及更广大人民群众；着力补齐短板，加大对"一老一小"等重点人群和薄弱领域的资源配置；注重全民共享，推动城乡居民健康体检全覆盖，提升基本公共卫生服务均等化水平。

在推动协调上，要解决好卫生健康各领域间发展不平衡等问题，促进中西医之间、医与防之间的协调发展；推动卫生事业与健康产业同频共振、互促互进，稳定发展预期促进消费，培育健康产业发展成为经济新增长点。

聚焦优质、均衡、普惠和协调，以高质量发展为支撑，以数字化改革为牵引，擦亮"浙里健康"金名片，浙江省将在卫生健康领域找准突破性抓手，打造标志性成果，加快推动优质医疗资源有序扩容和均衡布局，全力提升医疗卫生服务供给水平和治理效能，努力实现全民共享高水平全生命周期健康服务。一是以努力办好人民满意的卫生健康事业为根本，夯实共同富裕的健康基础，打造健康中国省域示范区。加快推动"健康融入所有政策"，实施医疗卫生"山海"提升工程，高水平高质量推进健康浙江建设，加快形成健康优先发展战略地位的有力支撑。二是以全面贯彻"预防为主"的新时代卫生健康工作方针为指引,探索创新医防协同机制。坚持预防关口前移,健全公共卫生应急管理体系,深入开展爱国卫生运动,织牢织密公共卫生防护网。三是以数字化改革为牵引,推动卫生健康服务动力变革、效率变革、质量变革,打造"互联网+医疗健康"示范省。以"业务流""数据流"叠加为手段,全面梳理核心业务,以现有系统集成整合和高效利用为重点,切实提升卫生健康的服务水平和治理效能。四是以强化"三医联动""六医统筹"系统集成为抓手,深化医药卫生体制改革,打造全国综合医改试点省。聚焦健全分级诊疗、现代医院管理、全民医保制度、药品供应保障制度、综合监管制度等重点领域和关键环节,增强改革系统性、整体性和协同性,力求突破性成效,让医院更有价值、让医生更有尊严。五是以推动"医学高峰"和县域医共体建设为载体,推动优质医疗资源扩容下沉和均衡布局,打造全省域推进县域医共体建设示范省的"金名片"。坚持以科技创新和人才领域为重点,高水平建设国家医学中心和区域医疗中心,加快高水平龙头公立医院建设,精准提升山区海岛县的医疗卫生服务能力,带动卫生健康事业高质量发展。六是加快推进中医药传承创新发展,努力打造全国中医药综合改革示范区。以中医药学术和疗效为重点,加强中医药特色学科专科建设,建立符合中医药规律和特点的人才培养模式,在推动中医药传承和创新发展上实现先行示范。

三 推动医疗保障事业高质量发展

高质量发展本质是一种以质量和效益为价值取向的发展,是主动适应经济新常态、突破发展瓶颈的现实选择,贯穿经济社会发展各领域、全过程。医疗保障作为经济社会重要组成部分,实现高质量发展是题中之义。医疗保障是减轻群众就医负担、增进民生福祉、推动共同富裕的重要制度安排。从经济属性看,医疗保障属于转移性收入,是社会再分配的重要手段。从社会功能看,医疗保障作为防范因病致贫返贫的基础性制度安排，其宗旨就是维护社会公平，促进共同富裕。统筹医疗保障和医药服务协同发展，有利于促进健康浙江战略实施，切实让广大群众看到更大变化、得到更多实惠。浙江省将持续深化医疗体制机制改革，着力推动新时代医疗保障事业高质量发展，坚决扛起共同富裕示范区建设的医保担当。

推动医保高质量发展是从粗放扩张型发展转为质量效益型发展的过程。医保的高质量发展，就是民生领域从"有没有"到"好不好"的发展，是持续奋斗、渐进实现共同富裕、共享医保改革成果的过程，是实现更高质量、更有效率、更加公平、更可持续、更为安全的发展过程，是健全覆盖全民、统筹城乡、公平统一、可持续的多层次社会保障体系的过程。基本内涵可概括为"五个更"。一是更加公平，强调促进共同富裕，让全体人民共享发展成果，群众人人有医保，城乡间、区域间基本制度政策统一，待遇和公共服务均衡，权利与义务对等，既对困难群众实施适度倾斜保障，又防范福利主义。二是更有效率，强调提高基金使用效益，重视投入产出比，同样资金投入购买更好、更优质的医药服务，让购买的服务更具成本价值，更加经济、更加适宜。三是更可持续，强调持续稳定保障群众基本健康权益，制度和基金中长期能够维持自身平衡，医保与经济社会协调发展，政府、企业、个人责任均衡，合理筹资与适度待遇匹配。四是更加安全，强调社会保障的基本制度定位，维护最广大人民群众的根本利益，协同推进医保与医疗发展，确保基金安全运行、待遇及时给付。五是更为便捷，强调减少群众业务办理等待时间和成本，服务流程简洁、方便可及和办理的无感化，传统服务与智能服务融合，更人性化、更适应老年人等特殊人群需求。①

完善浙江特色的多层次医疗保障制度体系。坚持以制度建设为主线，按照"全覆盖、保基本、多层次、可持续"的目标，加快构建以基本医疗保险为主体，医疗救助为托底，补充医疗保险、长期护

---

① 胡静林：《推动医疗保障高质量发展》，《学习时报》2021年3月5日第1版。

理保险、商业健康保险、慈善捐赠、医疗互助协同发展的多层次医疗保障制度体系。一是稳步提升医保统筹层次。做实基本医保市级统筹,全面实现设区市政策制度统一、经办服务一体、基金统收统支。切实提升市级统筹质量,加快推进基本医保省级统筹,促进全省政策规范统一和待遇保障公平,实现公平、协同发展。二是严格落实医疗保障待遇清单制度。严格执行医疗保障基本制度、基本政策、基金支付项目和标准,强化全省制度政策的顶层设计,促进医疗保障制度法定化、决策科学化、管理规范化。三是稳步推进门诊共济。坚持支出总量不变、结构调整、循序渐进的原则,积极稳慎推动门诊共济保障机制改革,稳步提高门诊待遇,持续完善居民慢病、大病门诊用药保障机制,引导省内政策规范统一。四是科学统筹需要和可能。坚持底线思维,正确把握基金安全运行和人民群众需求保障的关系,强化基金全过程管理,确保基金收支平衡、制度长期可持续,实现医保水平提升与经济社会发展同向而行、互相促进。

打造高质量发展建设共同富裕示范区医保范例。增加"共富型"医保政策供给,围绕"扩中提低",对照缩小"三大差距"的目标,精准聚焦"一老一小",推动医保事业由"发展型"制度机制向"共富型"制度机制跃升。一是推动出台因病致贫返贫防范长效机制。围绕"主动发现、精准识别、梯次减负、保障兜底",完善纵向接力、横向互补、多跨协同的困难群众因病致贫返贫防范长效机制。二是大力发展惠民型商业补充医疗保险。按照"政府引导、市场运作、共建共享"的理念,完善政策设计,拓展保障功能,推动建立与浙江省经济社会发展水平相适应、满足共同富裕背景下人民群众对美好生活向往的多样性补充保障措施供给。三是深化长期护理保险制度试点。坚持"独立险种、城乡覆盖、低水平起步"的原则,加强制度顶层设计,巩固扩大参保覆盖范围,推动部门协同、信息共享、标准互认,逐步实现参保对象覆盖城乡,保障待遇全省统一,更好地保障失能人员权益。四是提高老年人保障待遇。持续完善老年人门诊医疗保障制度，降低门诊起付线，提高门诊支付限额，完善慢性病保障政策，逐步将老年人高发的慢性病分批纳入门诊特殊病种，按住院标准予以保障，减轻老年人就医负担，助力打造"浙里康养"金名片。五是减轻育儿家庭负担。支持三孩生育政策落地，逐步扩大生育保险覆盖面和支付范围，适度提高学龄前儿童医保待遇，促进人口长期均衡发展。同时，积极探索以家庭为单位医疗保障政策。

提升医保治理体系和治理能力现代化水平。坚持以改革撬动发展，协同推进医药服务供给侧改革，提高医保支付方式、药品耗材招采、医疗服务价格改革的系统性、联动性、协同性，让人民群众共享医保改革发展成果。一是深化医保支付方式改革。发挥医保基金对资源配置的牵引作用，在全面实施住院按病组（DRG）付费基础上，持续推进门诊按病组（APG）付费、住院按床日（PDPM）付费等多元复合型支付方式改革，实现医保基金支付闭环管理，推动形成医保与定点医药机构良性互动、共同发展的新格局。二是推进药品医用耗材集中带量采购改革。发挥市场对价格形成的决定性作用，持续扩大药品医用耗材集中带量采购范围，建立健全"省级统筹、省市联动、市级联合"的药械集中带量采购机制，积极打造国家医药集中采购示范平台，力争让人民群众用上质优价廉的好药。三是优化医疗服务价格管理。建立医疗服务价格科学确定和动态调整机制，有力促进医疗技术创新发展、临床应用和"医学高峰"建设。四是强化医保基金监管。坚持标本兼治、源头治理，完善基金监管体系，创新基金监管方式，建立健全基金监管执法体系，持续提升基金监管法治化、专业化、信息化水平，坚决守好人民群众救命钱。

数字赋能，推进数字化改革全面贯通，促进医保基本公共服务均等化。一是高水平深化数字化改革。完善全省智慧医保平台架构，持续拓展系统功能，围绕"共同富裕改革""便民利企服务""基金智慧监管"等重大需求，构建完善"浙里病贫共济""浙里舒心医保""基金监管在线"等场景应用，加快打造医保数字化改革标志性成果。二是高质量建设公共服务体系。制定全省统一的省市县乡村五级经办服务清单，推行医保经办服务无差别办理，实现省内一站式服务、一窗口办理、一体化经办。健全完善经办互联网服务大厅，实现全时域全领域信息化、电子化服务，提高"网上办""掌上办"的可办率和办结率。构建以医保自助服务为主，集成互联网诊疗、网上购药等跨部门跨场景的村社"服务矩阵"。三是高标准推进长三角区域一体化。持续扩大跨省异地就医直接结算定点医疗机构联通范围，积极推进药品目录、诊疗项目、医疗服务设施目录统一，促进基本公共服务便利共享，逐步实现经办服务事项全面跨省通办。

第四节　浙江推动健康服务高质量发展的主要做法与经验

一　充分依托"智慧医疗"，改善群众看病就医体验

2018年，浙江省卫生健康委先响应浙江省委提出的"最多跑一次"改革向公共服务领域延伸的要求，积极谋划实施医疗卫生服务领域"最多跑一次"改革，围绕群众看病就医中的"关键小事"，重点解决挂号、就诊、检查检验等就医环节的高频痛点难点，推动形成诊疗更安全、就诊更便利、沟通更有效、体验更舒适的医疗卫生服务新模式。

（一）诊前预约"一体化"，破"挂号难"

针对城市大医院专家号挂号供不应求，部分患者存在起大早、排长队、久等待的就医之难，浙江省卫生健康委依托浙江省预约诊疗服务平台，归集全省各级各类医疗机构门诊号源资源，形成全省统一号源池，通过手机、网站、座席等多渠道面向社会提供分时段精

准预约挂号服务。截至2022年4月，省预约诊疗服务平台接入1015家医院，累计注册用户2148万人，累计提供服务8076万人次。

一是基层优先"分级挂号"，切实将优质号源下沉到基层，40%的省市医院号源优先向基层开放，开放时间较居民使用端的7天延长至10天，引导群众首诊落实在基层，助力分级诊疗制度建设。

二是温馨提供"适老挂号"，聚焦老年人在运用智能技术方面遇到的现实困难，对老年人"掌上"预约挂号的功能流程进行重塑，全新发布预约挂号"关怀版"应用，创新融合人工智能新型服务和人工座席传统服务，界面更清晰、流程更简洁、服务更贴心，已惠及270万名老年注册用户。

三是创新重塑"取号叫号"，打通院内院外服务、优化预约挂号后的关联环节，变窗口、自助机前排队取号为手机端在线自主取号，变显示大屏前被动等待叫号为手机端主动提醒叫号，减少患者在院内排队、等待时间，降低聚集、接触带来的交叉感染风险。

四是精准打击"黄牛贩号"，利用大数据和人工智能技术，通过异常行为监测和历史用户排查等"组合拳"，精准识别"黄牛"账号，及时阻断刷号、占号行为，维护社会就医秩序，预约爽约率下降了10个百分点。

（二）诊中结算"一码通"，破"支付难"

问诊、检查、取药等环节反复排队缴费导致患者就诊支付难，加之持卡结算带来的多卡各自为政、患者资金沉淀等问题，很大程度上影响着患者的就医体验。针对这些问题，浙江省卫生健康委将国家卫生健康委发行的电子健康卡和国家人社部签发的电子社保卡合二为一，在"浙里办"融合成"健康医保卡"，实现"看病不用卡，只需一个码"。截至2022年4月，已有2400多万名群众领取"健康医保卡"，覆盖全省559家医疗机构。

一是聚合支付载体。健康医保卡以一个二维码替代了群众以往就医需要的社保卡、市民卡和各医院的就诊卡，聚合自费、医保结算介质开展便捷移动支付，有效解决"多卡并存、互不通用"问题。支持扫码付和移动付两种方式，实现费用诊间结算，减少缴费排队。

二是创新支付模式。基于信用管理体系和评价反馈机制开展"医后付""信用付"等新型医疗费用结算模式，构建医院与第三方合作的支付平台，实现诊间不付费直接检查、化验和取药，看完病后一次支付，助推构建安全、通畅的资金流通机制。此外，提供亲情账号服务，支持主体账号经授权绑定家人子账号，帮助家里老人、小孩完成结算。

三是延伸支付内涵。卫生健康与财政部门开展跨部门业务协同，推进医疗电子票据应用全省覆盖，实现就诊结算后票据实时推送，患者在手机端随时查验。卫生健康、财政、医保、银保监协同推进开展基于电子票据和电子病历的线上保险理赔，免去提交证明材料环节，小额理赔办理时间由原来 7 天缩短至线上实时理赔，大额或复杂理赔可让患者少跑三次。

（三）检查检验共享互通，破"检查难"

必要的医疗检查是患者早发现早诊治的基础，但是医疗检查广泛开展的同时也伴随着业务流程不统一、跨院数据不互通、预约改约流程繁、排队等待时间长等便捷性问题。浙江省"健康大脑"驱动医疗检查数据采集、流转、交换、共享，贯通开单时共享互认、检查前分时预约、检查后报告查询。医疗检查涉及的院内 7 个环节缩减为 2 个环节，线下环节转移到线上，实现流程标准化、资源集约化、服务人性化。

一是检查时间一指预约。浙江省"健康大脑"对接各级各类医院信息系统，形成全省统一检查资源池，实现患者一键获取检查项目、检查须知、检查排班，一键完成分时预约和临时改约，达到定点定时去医院做检查目的。

二是检查资料一站互认。通过区域内医学检验检查结果共享互认"小切口"，构建区域检验检查"互通、互认、互信"数智医改模式。

开发检验检查智能客户端和互认监管平台，实现重复开单预警提醒、历史报告跨院调阅、检查结果依规互认。截至2022年，累计实现互认1801.37万项次，节省金额74830.38万元。

三是检查结果一网查询。全省372家县级及以上医院的检查结果通过"浙里办"对外授权认证下开放，群众可随时查看自己名下6个月以内的各类检查报告和影像。目前，"健康大脑"累计归集全省医学影像索引1.2658亿条，近一个月内查询量31.5万人次。

（四）互联网医疗"一站式"联动，破"购药难"

长期以来，常见病、慢病患者以及肿瘤疾病等需要长期随访和治疗指导的特殊慢病患者在就医购药中面临着"因药就医"等诸多问题，面诊购药、复诊续方以及诊后服务等方面的便捷性需求逐步突显。浙江省互联网医院平台是全国首个"服务+监管"一体化的互联网医院平台，为患者提供便捷线上医疗服务，成为医疗机构提供互联网医院、互联网诊疗建设的重要基础设施。

一是"互联网+医疗"更便捷。依托互联网技术为患者提供图文咨询、电话问诊、视频问诊、在线处方等服务，支持处方流转到云药房后药品配送到家。通过数字化技术串联从用户到互联网医院平台再到互联网医生的全链服务，有效弥补传统医疗的不足，让互联网医疗触手可及，2021年以来已开展在线咨询、问诊服务超1170万人次。

二是"互联网+监管"更放心。通过与行政审批系统对接，实现了互联网医院从开办申请到受理再到审批的全流程线上操作和留档。对医疗机构开展的互联网诊疗活动进行事前、事中、事后监管，实现对医生、护士资质在线监管，确保服务人员合法合规。省互联网医院监管平台接入840家医疗机构，备案6.8万名医务人员。

三是"互联网+药事"更智能。聚焦老百姓"购药远、购药难"问题和打通送药"最后一公里"，卫生健康、药监、医保三部门协同推动"送药上山进岛便民服务点扩面"以及"24小时'网订店送'

药房"（见图4-12）。基于互联网医院平台和处方流转平台，实现"药品线上浏览、在线支付、线下配送"的O2O模式，切实推动医疗、医药、医保三医联动，使群众购药更加安全、便捷，切实增强群众购药的安全感、满意度。

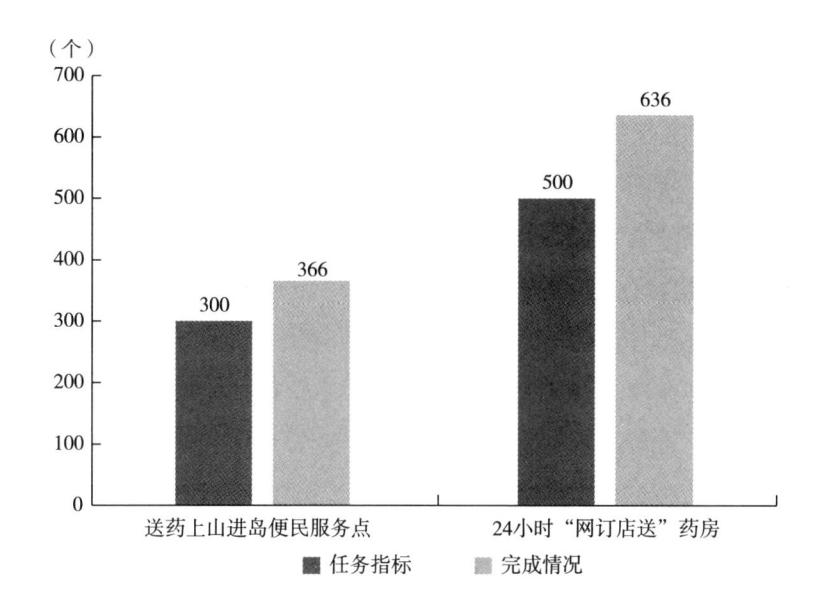

图4-12 2020年浙江省打通送药"最后一公里"民生项目完成情况

二 深化医疗体制改革，实现全民健康

（一）开展县域医疗卫生服务共同体建设

2018年浙江省出台《关于全面推进县域医疗卫生服务共同体建设的意见》，对全省县域医共体建设作出顶层设计。除19个市辖区外，新增59个县（市、区）开展县域医共体建设，取得了阶段性成效，并被评为省政府改革创新奖项目。具体包括以下三个方面。

第一，完善了体系、共享了资源。全省208家县级医院和1063家卫生院已初步整合成为158个医共体，打破"城乡二元"体制，县级医院和乡镇卫生院实行唯一法定代表人组织架构，实施集团管理、整体运营和连续服务，县乡医疗卫生机构层级割裂、医疗服务和公共卫生相互脱节的情况开始得到扭转。"基层检查、上级诊断、结果互认"等"共享医疗"模式逐步形成，县级医院向下转诊人次、乡镇卫生院向上转诊人次同比增幅均达到10%以上。

第二，提升了能力、留住了病人。县域医共体建设地区"县招乡用"医务人员848名，550名县医院医务人员轮岗到乡镇卫生院工作。县级医院三、四类手术例数增长10%以上，县域内就诊率提升4%，达到85%以上，基层就诊率提高6.1%，达到67%，乡镇卫生院三分之一以上恢复或新开了一、二类手术，门急诊和出院人次分别增长12%和22.3%。家庭医生签约服务覆盖面达到36%，其中重点人群覆盖率达到73%。

第三，降低了费用、收获了口碑。2018年，公立医院医疗总收入同比增长8.80%，出院均次费用增加1.61%，门急诊均次费用增加3.10%，增长水平同比均有下降，药占比31.48%，百元医疗耗材费用27.55元，检查检验收入占比23.22%，同比均实现下降。县级医院和乡镇卫生院医保基金支出增幅下降10.5%。据第三方评估，群众对县域医共体的满意度达到97.8%，医务人员满意度达到94.8%。卫生健康系统在当地政府组织的部门绩效考核中明显提档进位。

（二）推进"三医"联动综合改革

注重"三医"改革的系统性、整体性、协同性。严控医疗费用不合理增长，推动控费工作纳入市、县党政领导班子和领导干部任期目标责任制考核，对2018年3个未达标县（市、区）通报批评并停止床位、设备等审批。在全国率先全面下放卫生专业高级职称的评审权限。全面实施以薪酬总量核定与动态调整为主要内容的薪酬制度改革，继续大力深化医保支付制度改革。

三 建设"数字药监"，倒逼药企质量管理水平提升

2019年，浙江省药品监督管理局将建设"数字药监"纳入药品

监管总体思路，计划逐步实现药械化监管"掌上办事""掌上办公"，并运用大数据、云计算、区块链等技术，构建生产线和监管链"双数字化"体系，采集高风险药品生产环节有效信息，依靠技术精准发现和控制药品安全风险。

2021年，为进一步深化"数字药监"建设，浙江省药品监督管理局出台《浙江省"数字药监"建设方案》，明确了"数字药监"建设"1+4+1"架构体系。根据该方案，"数字药监"是面向监管、面向产业、面向公众、面向机关四个大方面的应用，包括打造一体化的"数字药监"综合集成平台、推进药品监管数字化、产业赋能数字化等6大重点工作，以及"浙苗链""浙药链""黑匣子"等49项具体数字平台。

目前，浙江省"数字药监"建设领跑全国，网办率、承诺时限压缩比率、材料电子化比率、跑零次率、即办率、事项总数六项核心指标全面得到了大幅提升。

（一）"黑匣子"探索非现场监管模式

药品安全智慧监管"黑匣子"是浙江省药品监督局利用药品生产企业自身信息化系统，在企业安装用于接收存储关键数据的数据仓。"黑匣子"能够自动收集企业生产源头采集的物料管理、生产工艺、质量检验、产品放行等影响药品质量的关键参数，做到关键数据自动收集、数据内容智能校验、风险信号及时预警。该应用源于飞机"黑匣子"，但又不止于此。通过"一盒管数据""双向管安全""风险可预警""全程可追溯"等场景，药品安全智慧监管"黑匣子"找准了落实药品生产企业主体责任和政府监管责任的结合点，构建了数字化责任链。

药品安全智慧监管"黑匣子"应用创造了"无时不在、无事不扰"的药品质量安全在线智控新模式。通过"黑匣子"应用，浙江省药品监督管理局从依靠传统现场行政监管向运用信用监管转变，并协同经信部门进一步推动医药企业向"数字工厂""未来工厂"转型。值得一提的是，"黑匣子"不影响企业正常生产，采用双密码技术，药监部门和企业共同管控密码，确保数据安全性。

（二）"浙苗链"一链管牢疫苗安全

疫苗全链条追溯监管系统"浙苗链"实现了浙江省流通疫苗全程追溯、重要事项监管、冷链监控预警、问题疫苗召回、疫苗追溯监管的数字化。传统疫苗监管存在疫苗流通信息只能通过线下传递，疫苗分散存放、分散管理，无法分析追溯，更无法实现实时监管和调配的状况等短板。"浙苗链"通过数据集成创新，畅通部门、区域、行业之间的数据交换，实现数据通过平台共享、业务通过平台协同、监管依托平台支撑，从传统监管转向数字化监管，对疫苗监管进行了流程再造和系统性重塑。

"浙苗链"实现了疫苗追溯和冷链运输监管数字化。每种疫苗最小销售单位的外包装都有一个药品追溯码，一支疫苗，无论是在浙江生产，或者运入浙江，其药品追溯信息码都要进入"浙苗链"数据库，监管部门只需通过药品追溯码查询，就能清楚掌握疫苗生产、储配和接种环节信息，可以实现从疫苗到接种人、接种人到疫苗全环节双回路闭环管理。

在疫苗冷链储运环节，"浙苗链"实现了静态与动态双监管——对储配企业仓库疫苗进行24小时温度监管；在疾控中心和接种单位仓库通过App、小程序实现温度实时上传；在运输途中，通过物联网技术对车载温度进行不间断监测。监测到的温度一旦超出范围，"浙苗链"便会向指定人员报警。不仅如此，"浙苗链"还能对运输车辆空、满载进行识别，兼备了在途运输紧急情况下调度的功能。

四 着力构建健康浙江建设，提升医疗技术水平和质量

（一）率先实现国家卫生城市全覆盖

2017年浙江省率先实现国家卫生城市全覆盖，在改善城乡环境卫生面貌、预防和控制疾病、提高全民健康水平等方面取得明显成

效。一是城镇面貌环境整体改观。二是基础设施网络极大改善。三是居民健康素养明显提高。四是城市管理能力显著提升。

(二) 全面实施城乡妇女免费"两癌"筛查

浙江省在以往农村妇女免费"两癌"（宫颈癌、乳腺癌）检查的基础上，全面实施城乡妇女免费"两癌"检查项目。一是在目标人群上，实行城乡统筹。二是在检查项目上，拓展免费内容。将以往开展的免费检查内容进行了拓展、提质，其中宫颈癌检查包括妇科检查、HPV检测、TCT检查、阴道镜检查和组织病理检查；乳腺癌检查包括乳腺体检和彩超检查、乳腺X线检查。三是在服务管理上，确立检查机构、管理机构和培训机构三类机构。

(三) 扎实推进医养结合

一是建立健全工作推进机制，建立医养结合标准规范和管理制度。二是稳步推进医养结合试点。三是深入推进居家社区医养结合。四是积极探索多种形式的医养结合。

(四) 不断提升慢性病综合防控水平

2017年浙江省出台《浙江省防治慢性病中长期规划（2017—2025年）》，要求完善工作机制，创新工作模式，加快提升慢性病防治水平。一是要注重示范引领。二是积极开展全民健康生活方式行动，以点带面，营造健康环境。三是修订完善高血压、糖尿病社区综合防治工作规范，开展高血压、糖尿病患者的社区规范化分级管理，强化防控能力。四是推动医防整合。

(五) 建设健康浙江

2018年浙江省确立了高质量高水平建设健康浙江、打造健康中国省域示范区的目标定位，出台了《健康浙江考核实施方案（试行）》，制定了2018年健康浙江考核评分细则，部分考核指标与乡村振兴、大花园建设、平安浙江、美丽浙江等联动推进，形成合力。组织开展健康影响评价评估制度课题研究。顺利通过全国首个世界卫生组织参与的省级消除疟疾评估。全国基本公共卫生服务考核名列第一。作为全国唯一试点样板,架构完成省域社会心理服务体系。《出生缺陷综合预防规范》获省级标准创新重大贡献奖。

(六) 医疗技术和质量显著提升

2018年"以H7N9禽流感为代表的新发传染病防治体系重大创新和技术突破"获得了国家科技进步特等奖。生物医用材料研发、生殖健康及重大出生缺陷防控、抗肿瘤新药研发等6个项目列入国家科技重大项目。浙医一院病毒性肝炎、浙医儿院儿童保健和儿童疾病、温医眼视光医院眼部疾病获批国家临床医学研究中心。"中国(浙江)卫生健康科技研发转化平台"被列为国家科技体制改革试点,6家医院科技创新力入选全国百强传染病学连续5年蝉联全国第一。

五 着力防风险强监管,保障人民群众安全

(一) 狠抓关口前移,保障人民群众用药安全

一是严格实施药品、医疗器械、化妆品生产经营质量管理规范,制定《医疗机构应用传统工艺配制中药制剂备案管理实施细则》。二是针对疫苗、血液制品、注射剂、植入性医疗器械、婴幼儿化妆品等高风险产品,加大日常监管和检查力度,突出监督抽检的针对性和靶向性。三是坚持"防、治"并重,整合审、批、管、查、检各个环节风险管控措施,完善药品生产风险会商机制。四是充分利用信息化手段和移动互联网技术,建设高安全、实时监测、智能预警的智慧监管平台,逐步实现从原材料采购、生产、加工、储运、销售到公众消费使用整个供应链全流程监管。五是开展专项整治,坚持扶优、剔劣同向发力。

(二) 严厉打击非法医疗美容,开展"蓝盾"专项行动

一是积极营造全社会关注的全行业参与氛围。二是部门协同推进专项行动。三是创新建立"红黑榜"制度。对于检查发现的医疗美容机构违法行为,参照"双随机、一公开",向社会公开其处罚结

果,用"黑榜"警示公众保护健康权益。

六 发展惠民型商业补充医疗保险,有效减轻因病致贫返贫

为贯彻落实高质量发展共同富裕示范区精神,浙江省积极探索多层次医疗保障体系制度性改革突破路径,全面推行惠民型商业补充医疗保险。2021年,浙江省医疗保障局联合省财政、省银保监、省税务等多部门陆续出台《关于促进商业补充医疗保险发展进一步完善多层次医疗保障体系的指导意见》《关于做好商业补充医疗保险"一站式"结算的通知》《关于进一步推进商业补充医疗保险发展促进共同富裕示范区建设的通知》等文件,全省域推进惠民型商业补充医疗保险。

浙江省惠民型商业补充医疗保险具有高投保率、高赔付率的特点,实现了商业补充医疗保险与基本医疗保险制度的有效衔接,提高了重特大疾病保障水平,有效防范缓解因病致贫、因病返贫风险,初步形成了政府有为、群众有感、市场有效、企业有利等多方共赢格局。

(一)突出病贫风险防范,持续优化保障责任

浙江省惠民型商业补充医疗保险有效衔接基本医保、大病保险和医疗救助,显著增强了人民群众因病致贫返贫抗风险能力。2021年运行首年,浙江省11个设区市全域推开惠民型商业补充医疗保险,近半数基本医保参保人员投保,共计赔付27亿元,受益45万多人,赔付率80.36%,人均赔付6153元,单人最大赔付达到142万元,综合报销比例提高5个百分点。在浙江省山区26县地区,高额医药费用减负效果更加明显。以丽水为例,自负费用20万元以上人群减负比例达41.24%,为缩小贫富地区医疗保障待遇差距提供了可行路径。此外,浙江省还积极推动理赔范围清单化管理,探索建立"省级+市级"赔付清单制度,并实行动态调整,合理设定理赔范围,稳步提高保障水平。截至2022年5月,投保人数已达2954.52万人,投保率达53.09%,平均投保年龄46.29岁,其中60岁以上27.50%,

全省续保率 82.15%。

（二）科学构建指标体系，夯实可持续发展基础

围绕平稳运行和可持续发展目标，浙江省深化制度运行机制研究，探索构建了全国首个惠民保运行指标体系。在费率厘算上，浙江省指导承保机构结合各地经济社会发展水平、人均可支配收入、待遇保障需求等因素，在精算分析的基础上确定保费标准。目前各地市保费 100—150 元/年，相当于当地居民人均可支配收入的 0.3%。根据总体承受能力，按保本微利原则，将总保费的 10% 左右用于承保机构日常运营，90% 左右用于理赔，并普遍执行与大病保险共用起付线（全省平均 1 万元左右）。

（三）打造多跨协同场景，提升重点政策可及性

围绕浙江数字化改革，依托"智慧医保"平台，浙江省加快打造"浙里惠民保"应用场景，通过"码上投保、数字柜台、'3+N'一站式结算、便捷查询"等子场景，打通商保与基本医保间的数据壁垒，实现投保结算一体化和无感智办，"网上办""掌上办"可办率达 100%，使群众投保更便捷、理赔更舒心。2021 年度，全省惠民保线上投保缴费 1416 万人，占总人数的 56.2%，通过"一站式"理赔服务的报销人次占总报销人次的 77.2%，群众满意度高达 95%。

附录案例："西湖益联保"的探索实践

为贯彻落实国家、省关于深化医疗保障制度改革的意见要求，进一步完善多层次医疗保障体系，杭州市于 2020 年第四季度启动普惠型商业健康保险工作，制定出台《杭州市商业补充医疗保险实施方案》，建立了全市统一的商业补充医疗保险制度。结合杭州市医疗保障实际及市民现实需求，杭州市政府部门支持引导商业保险公司，为市民提供普惠型商业健康保险产品"西湖益联保"。杭州市"西湖益联保"作为政府支持指导下的普惠型商业健康保险产品，实现了

以健康保险互助共济"小实践"彰显共同富裕发展共享"大理念",是共同富裕示范区城市范例建设的重大举措,以政府有为切实促进了市场有效、企业有利、百姓有感。

杭州市发展普惠型健康保险产品"西湖益联保"的主要做法和成效如下。

(一)科学选定共保机构,提升抗风险偿付能力

2020年12月,杭州市医疗保障局会同有关部门,通过公开招标的方式,综合权衡商业保险机构服务能力、政保合作承办经验和综合实力等因素,按照"公平、公正、公开、规范、透明"原则,从优选择确定中国人寿等5家商业保险公司。承保公司以共保体的形式负责承办,有效规避恶性价格竞争;其日常运作接受浙江省医保、银保监部门和杭州市医保等相关部门的监督指导;承保公司以三年为一个承办周期,当年保费收入扣除理赔支出以及合理利润后出现结余的,则滚存到下一年度使用;当年保费收入不足支付理赔费用的,则由共保体先行垫付,下一年度通过调整产品方案再予以解决。因此,"西湖益联保"抗风险偿付能力强于市场上其他商业健康保险产品,更好地维护参保群众医疗保障利益。2021年度共保体公司运营支出约占总保费的7.08%,收支结余符合保本微利的产品设计目标。

(二)定制设计产品方案,强化责任保障

杭州市医疗保障局会同相关部门,指导承保公司设计定制产品"西湖益联保",于2021年1月20日正式上线。坚持广覆盖原则,将浙江省本级和杭州市基本医疗保险参保人员全部纳入保障范围,覆盖城乡,涵盖所有年龄段人群,不设置既往病史、健康状况等限制投保条件。强调产品的惠民属性,执行适宜的保费标准,即每人每年150元,总保障额度达300万元。涵盖"责任一"医保目录内大病补充保障、"责任二"住院和规定病种门诊医保目录外药品、材料补充保障、"责任三"特定肿瘤及危重症创新药品、耗材保障、"责任四"罕见病专项药品保障等四重保障责任;报销比例达60%—

80%。其中，首批创新药品有28种，位居全国前列；罕见病专项药品也是全省首家设立的责任保障。

（三）多元畅通投保渠道，投保人群广泛覆盖

政府部门指导承保公司积极做好线上投保平台建设，为参保人员提供"西湖益联保"微信公众号、"杭州医疗保障"微信公众号、"浙里办"和"支付宝"等多种线上投保渠道。浙江省医保中心和杭州市医疗保障局为"西湖益联保"参保提供信息核验支持，实现投保系统实时比对基本医保参保情况以及提供历年账户余额查询功能，且协助承保公司实现市级和省本级参保人员医保历年账户互通缴费，可为本人及其配偶、父母、子女投保，极大地提升了参保人员缴费便捷度。同时，充分发挥医保经办窗口和承保公司服务网点窗口作用，实现线下网点全市域覆盖。明确困难群众资助参保政策，对特困、低保、残保人员全额资助参保；对低边人员，由各区、县（市）政府结合实际按不低于每人保费的50%确定资助标准，各地为困难人员办理集体参保手续，确保"西湖益联保"惠及困难人员。2021年度，共计资助困难群众参保8.94万人，资助金额达1338.33万元。2022年度资助困难群众参保9.64万人，资助金额达1408.98万元。

2021年度"西湖益联保"，首日投保人数破30万人，3天投保人数破100万人，投保期内全市参保人数达到470余万人，参保率超过40%。2022年度参保人数再创新高，达到496.49万人，远高于其他省会城市或副省级城市中的同类产品。其中2022年度续保人数391.72万人，续保率高达83.29%，体现了群众对产品的高度认可。以2021年度"西湖益联保"投保人员为基础数据进行分析，梳理发现：按基本医保参保险种统计，职工医保参保人员和城乡居民医保参保人员比例近7∶3；按年龄段统计，18岁以下的、18—60岁的以及60岁以上的三类投保人群比例接近1∶6∶3，总体投保年龄结构较为健康，有利于"西湖益联保"的可持续发展。同时，采用个人医保账户历年余额购买的人员占比超过50%，可见这项便利化投保

政策也广受市民认同。

（四）优化理赔服务，使其更加便捷高效

1—3月投保期结束后，通过开发完善医保结算系统，于4月1日起实现保障范围内住院、规定病种门诊医疗费用的"一站式"理赔结算，破解"看病垫资、理赔跑腿"难题。就诊结算时，系统生成两张结算单，一张为基本医保结算单，一张为商业补充医疗保险结算单，一目了然，极大地提升群众的体验感和获得感。对于2021年1—3月参保期内发生的保障范围内医疗费用，由承保公司在医保部门的支持配合下完成数据核算后，其工作人员通知参保人提供有效身份证件及银行卡、医疗票据等，将理赔费用统一拨付至预留的银行卡中，解决参保人员理赔报销的烦心事、操心事。积极开展"西湖益联保"与阿里健康的合作，为参保人员提供在线问诊、优惠购药、挂号预约、疫苗优惠以及体检补贴等多项健康福利，提供更有温度的健康服务。

"西湖益联保"在全国率先实现责任一、责任二的"一站式"理赔。患者在定点医疗机构可以刷卡实时享受基本医疗保险和"西湖益联保"的报销待遇。对于责任三、责任四中的创新药品及罕见病药品，参保人员可通过"西湖益联保"微信公众号的理赔模块，选择预约购药直付和事后报销两种方式进行理赔，其中预约购药直付方式，在领药时仅需支付个人承担部分的费用。

（五）动态调整保障范围，就医费用得到有效补偿

杭州市医保部门指导承保公司建立健全商保药品目录等保险方案动态更新机制，加强产品医药专家团队建设，适时将临床疗效确切的自费药品新增纳入保障范围，不断调整优化待遇保障水平。2021年，承保公司在征求医院专家评估意见后，在首批433个医保目录外药品目录基础上，先后于6月1日公布第二批42种医保目录外药品目录，6月底将11种医保目录内创新药品的超适应证使用纳入保障责任三报销范围。同时，将浙江省罕见病用药保障药品新增纳入保

障责任四报销范围。针对就医群众在医保目录外的医用材料和诊疗项目费用负担较重的实际情况，于 2021 年 7 月起研究将此类费用纳入保障，全年回溯赔付，新增赔付金额 2.3 亿元。

通过强化"西湖益联保"同基本医疗保障的协同作用，梯次减轻重特大疾病患者的就医负担。2021 年，"西湖益联保"总体赔付 6.25 万人，48.19 万人次，赔付 5.41 亿元，其中，困难群众赔付 0.52 万人，赔付 0.50 亿元。在 6.25 万获得理赔的人员中，赔付金额 1 万元以上的 14359 人，5 万元以上的 1300 人，10 万元以上的 292 人，50 万元以上的 10 人，100 万元以上的 4 人。单笔赔付金额最高的是徐某某（66 岁），其因患肝硬化发生多次住院，医疗总费用高达 376.45 万元，医保三重保障报销 86.02 万元，"西湖益联保"为其报销 142.07 万元，其中责任一满额赔付 120 万元，责任二赔付 2.07 万元，产品优化补偿赔付 20 万元，个人只需承担 148.36 万元，综合保障率为 61%。家庭医疗费用减负最高的是张氏双胞胎兄弟（16 岁），其因患血友病发生多次规定病种门诊及住院医疗费用 473.1 万元，医保三重保障报销 160.73 万元，"西湖益联保"责任一满额报销 240 万元，最后个人负担 72.36 万元，综合保障率为 84.7%。

第五章　共同富裕背景下养老服务的高质量发展

公共服务水平是衡量共同富裕进展的重要指标。公共服务的总投入衡量的是共同富裕中的"富裕",而"共同"富裕则集中体现在公共服务均等化实现程度上。人民群众对美好生活更加向往,公共服务保障水平成为影响人民群众获得感、幸福感、安全感的重要因素。随着老龄化和家庭小型化的发展趋势,传统家庭养老照料模式难以为继,家庭对养老公共服务的依赖程度越来越高。而目前,基本养老公共服务均等化水平还有待提高,例如,城乡、区域之间的养老服务供需不平衡问题;养老产业发展不充分,服务人员短缺,市场化程度不足;以及养老机构运行效率不高等问题制约了养老公共服务的高质量发展。浙江省作为高质量建设共同富裕的示范区,在养老公共服务供给方面积累了宝贵经验,一是政府通过转移支付、统一标准等手段缩小差距;二是理顺政府、社会、家庭、企业之间的关系,多方参与养老服务供给,发挥多个主体的积极性;三是利用数字化改革,数字赋能养老服务业发展,提升服务效能。

第一节　老龄化与养老服务发展面临的挑战

中国经济已经转向高质量发展阶段,为养老公共服务的快速发展提供了雄厚的经济物质基础,同时,大数据、云计算等新技术的出现，使得养老公共服务的能力越来越强。养老公共服务涉及两个方面：筹资与服务。筹资是解决养老照料的资金来源问题，主要包括社会保险（养老保险、长期护理保险、医疗保险）、个人积累、社会捐赠、财政转移支付。具体政策包括长期护理保险支付、医养结合、各类养老补贴。服务是解决两个层次养老照料需求的问题，涉及生活照料和失能老人照料。由于自理老人不需要专门的护理人员，因此对于自理老人主要是社区的互帮互助、基层治理；对于失能老人则需要专门的护理人员，可以分为居家、社区和机构照护服务。

一　浙江经济发展及人口老龄化状况

浙江省是推动高质量建设共同富裕的示范区，民营经济活力强，人均可支配收入高于全国平均水平，城乡收入差距较低。2021年全省人均可支配收入为57541元，其中城镇居民为68487元、农村居民为35247元，城乡居民人均可支配收入比值低于全国平均水平，为1.94。[①]

浙江省户籍人口的老龄化水平高于全国，常住人口老龄化水平与全国平均水平相当。根据第七次全国人口普查数据，2020年末浙江省常住人口6456.77万人，60岁以上老年人1207.27万人，占比为18.70%（其中65岁及以上人口占13.27%），处于全国平均水平，老龄人口抚养比为18.10，略低于全国平均水平。从养老照料需求上来看，全省80岁以下低龄老年人占85%，其中60—65岁老年人326万人，身体相对比较健康，对养老照料的需求并不大，是应对人口老龄化的有利因素，给浙江省应对老龄化留下了一定的缓冲空间。

---

① 全国居民人均可支配收入35128元，城镇居民人均可支配收入47412元，农村居民人均可支配收入16902元，城乡居民人均可支配收入比值为2.50。

表 5-1　　2020 年浙江省各市老龄人口数及比重（单位：万人,%）

省市	常住人口	60 岁及以上人口		65 岁以上人口	
		人数	比重	人数	比重
浙江省	6456.77	1207.27	18.70	856.63	13.27
杭州市	1193.60	210.33	16.87	139.14	11.66
宁波市	940.43	170.26	18.10	118.42	12.59
温州市	957.29	157.97	16.50	112.11	11.71
嘉兴市	540.09	104.26	19.30	75.86	14.05
湖州市	336.76	71.87	21.34	52.25	15.52
绍兴市	527.10	119.09	22.59	85.42	16.21
金华市	705.07	112.92	16.02	81.71	11.59
衢州市	227.62	57.92	25.44	42.01	18.46
舟山市	115.78	28.81	24.88	19.78	17.09
台州市	662.29	129.59	19.57	91.39	13.80
丽水市	250.74	53.25	21.24	38.53	15.37

资料来源：浙江省第七次人口普查。

二　浙江养老服务发展面临的主要挑战

家庭结构的变化，小型化和空巢化加速，家庭风险抵抗能力和照护能力相对不足，养老服务将更普遍地依赖社会化供给。同时，公共服务的局限性以及地区差异大等问题也进一步给浙江省养老服务发展带来了挑战。

一是养老服务供给的结构化失衡。老龄化进程加快，浙江省老年人口每年净增加约 80 万人，养老服务工作压力并没有减轻。从地域分布上来看，浙江省外来人口主要集中在大城市，本省的年轻劳动力人口也在往城市集中，农村、山区、海岛的老龄化将进一步加深，这些地区的养老服务供给问题仍需破题。[1] 此外，从失能程度上来看，失能失智老人的照护供给相对不足。随着老龄化的加速发展，高龄老年人相应增加，失能失智比例老人增长，照护需求明显增多。

---

[1] 资料来源：浙江省民政厅。

二是依赖公共服务供给，但供给能力有限。2020年浙江省人均生产总值突破10万元，随着养老金逐步提高，个人支付能力增强，长期护理保险覆盖拓展，老年人消费理念将发生明显转变，养老服务消费能力明显增强。但高品质的公立养老院数量有限，且主要集中在城市。

三是养老服务机构投入大、收益慢，提高服务效能是关键。与城市养老机构形成鲜明对比的是农村、社区养老机构的"门可罗雀"。入住率低会导致养老机构经营亏损，而养老机构要想生存需要缩减预算，减少工作人员，这又进一步导致服务质量的下降，如此恶性循环导致养老机构生存困难。政府部门的建设及运营补贴虽然能够解决一部分问题，但想要实现真正良性经营，还需要从提升服务效能上想办法。

面对人口老龄化所带来的挑战，浙江省通过养老公共服务均等化工作的落实，取得了宝贵经验。具体包括如下三个方面：一是扩大养老服务供给，优化养老服务结构，推动养老服务均等化；二是构建多方参与的养老服务供给体系；三是利用数字化创新服务和管理手段，提升养老服务效能。具体方法将分别在本章的第二、第三、第四节进行详细介绍。

第二节　扩大养老服务供给、优化养老服务结构，推动养老服务均等化

推动养老服务均等化是实现高质量发展的基本内涵。受计划经济的影响，城乡二元结构导致城镇职工和城乡居民在养老金待遇方面存在差异，而且不同地区之间的居民在养老服务供给方面也存在差距。浙江省地形复杂，不同地区的经济发展状况不同，各地方财政收支差距较大，尤其是山区、海岛地区的问题更为棘手。浙江省针对以上问题，首先通过统一养老服务标准，缩小人群之间的差距；

其次是加强财政转移支付力度，让经济不发达地区的老人能够享受平等的待遇；最后通过专项行动，重点解决山区、海岛等特殊地区的养老服务供给问题。

一 统一养老服务标准，缩小人群、区域差距

受经济和社会发展的影响，过去中国的基本公共服务在城乡、地区以及人群间存在政策性差异。推动基本公共服务的标准统一、缩小地区差距是实现共同富裕的必然要求。

统一筹资、评估以及待遇标准。2022年6月，浙江省医疗保障局、浙江省财政厅印发《关于深化长期护理保险制度试点的指导意见》，全省试点地区统一标准，实现城乡统一标准，保障待遇公平。一是筹资标准统一，按照每人每年90—120元的标准定额筹资，在职职工参保人员长期护理保险费由个人和用人单位同比例分担，退休人员由个人和医保统筹基金同比例分担。城乡居民长期护理保险费由个人和财政参照统筹区城乡居民基本医疗保险比例分担。二是失能评估标准统一，参保人员享受长期护理保险待遇，执行统一的失能评估标准，失能等级评估并达到重度失能等级。三是待遇支付标准统一，全省统一享受条件、统一支付范围、统一支付标准，经医疗机构或康复机构规范诊疗、失能状态持续6个月以上或经申请通过评估认定符合重度失能标准的参保人员，按规定享受长期护理保险待遇。参保范围覆盖城乡，体现了共同富裕建设背景下制度的公平性和普惠性。待遇保障统一消除了因政策差异引起的地区、城乡和人群差异，更加体现公平。

缩小区域间养老基本公共服务差距。浙江省加大财政转移支付向特殊类型地区的倾斜力度，提升其养老公共服务体系建设，完善地方养老公共服务支出保障机制，不断提高山区、海岛地区基本公共服务的供给水平。鼓励具备条件的城市群、毗邻地区加强基本公共服务标准统筹，搭建区域内养老公共服务便利共享的制度安排。开

展发达地区和欠发达地区资源对接，支持发展对口帮扶、人才对口支援等方式，扩大优质服务资源辐射覆盖范围，缩小地区差距。推进城乡养老公共服务标准统一、制度并轨，结合户籍管理制度改革，稳步实现基本公共服务由常住地供给、覆盖全部常住人口。落实农业转移人口市民化财政支持政策，并完善异地结算、钱随人走等相关制度安排，保障符合条件的外来人口与本地居民平等享有养老公共服务。推进公办养老机构入住综合评估制度，优先满足失能老年人的基本养老服务需求。研究做好老年人能力评估标准、长期护理保险失能等级评估标准等的衔接。

在"十三五"时期，浙江省在缩小养老基本公共服务差距方面，取得了显著成效。一是居家养老服务设施建设城乡同步。至2017年底，全省建成2.24万个居家养老服务照料中心，实现城乡社区全覆盖。2018年，实施兼具日间照料和全托服务功能的乡镇（街道）居家养老服务中心建设，当年建成333家；2019年建成350家；到2021年底，乡镇（街道）居家养老服务中心实现全覆盖，全省1374个街道、乡镇都建有居家养老服务中心。鼓励各地建设老年教育、老年活动设施，为老年人融入社会创造条件。二是养老服务设施政策省级补助城乡同标。照料中心建设补助每个5万元，全省同标；居家养老服务中心建设、运营补助全省同标。三是服务对象城乡一体。特困老人全部由政府提供保障，低收入老人、高龄老人等由政府提供服务补贴。全省养老服务补贴制度，不区分养老服务补贴申请人户籍的城乡属性，只考虑申请人的身体状况、经济条件等，养老服务补贴享受对象城乡同标，浙江养老服务补贴制度覆盖人群逐渐扩大，其中：一类对象入住机构的补贴标准提高到机构1.14万元、居家6000元，二类对象范围不断扩大。2021年，全省享受养老服务补贴对象约35.7万人，补贴金额3.8亿元，占老年人口数的3.1%。高龄老年人补贴标准逐步提高，全省享受高龄补贴的老年人共135.8万人，年补贴金额7.1亿元，每人每月补贴不少于50元。

二 利用"省管县"制度特点,加大养老服务转移支付力度

基本公共服务工作的开展离不开财政的支持,浙江省的"省直管县"的财政体制,在转移支付方面存在制度优势。一是浙江省通过财政转移支付向特殊类型地区的倾斜力度,推进基本公共服务体系建设,完善地方基本公共服务支出保障机制,不断提高特殊类型地区基本公共服务供给水平。二是建立养老基本公共服务区域合作机制,鼓励具备条件的城市群、毗邻地区标准统筹,搭建区域内基本公共服务便利共享的制度安排。

自"分税制"改革以来,浙江省财政体制调整完善时,将收入往下沉,增加了基层稳定收入来源和可用财力。对收入增量部分实行省与市县"二八"分成,增量大部分归属市县。同时,浙江省不断加大转移支付力度,省级财力逐步向市县和基层下沉,省级一般公共预算支出占全省的比重稳定在10%以下,有效促进了财力均衡和基本公共服务均等化。以各市县经济发展、财力状况等因素为依据,将全省市县分为两类六档,统一标准系数,财政越困难的市县,转移支付系数越高,使转移支付分配进一步向财政困难地区倾斜,缩小地区间财力差距。转移支付系数根据市县发展水平动态调整,做到"有上有下""有进有出",并建立激励奖补机制,使转移支付系数与市县实际更加匹配,转移支付的管理更加客观、合理、规范。

从2019年起,省财政将转移支付资金从5.37亿元增加到8.25亿元,并单列一个项目资金,不再与其他民政资金打包下达,其中一般公共预算4.25亿元、福彩公益金4亿元。2021年增加到9亿元,其中一般公共预算4.75亿元、福彩公益金4.25亿元。再到2022年,转移支付资金增加到9.5亿元,一般公共预算5亿元,福彩公益金4.5亿元。"十三五"时期省级财政共下达养老服务体系建设补助资金38.63亿元,其中一般公共预算安排15.87亿元,福彩公益金安排22.85亿元,省级福彩公益金用于养老服务的比例达到

50%以上。主要用于支持各地公办养老机构、乡镇敬老院的新建、改扩建，居家社区养老服务设施建设和运营补贴、民办非营利性养老机构床位补助。

三 优化养老服务空间布局，解决特殊地区的养老服务难题

养老服务机构不同于其他服务机构，由于老年人行动不便，"用脚投票"的作用不足，养老机构布局应根据老年人口的分布合理配置。浙江省推动养老机构进入城市主城区、老年人集聚区计划，针对11个市主城区、50万人口以上县市编制养老服务设施布局专项规划，并纳入当地空间规划。按1万名常住老年人配建不少于300张床位为规划单元。一个规划单元内，将养老机构分多处设置，老年人高密度居住区（>3000人/平方千米）的老年人500米内、中密度居住区（1000—3000人/平方千米）的老年人1000米内建有1家养老机构。做到机构跟着老年人走，让养老服务触手可及。

从规划上促进医养结合，养老机构与医院毗邻而建。医养康养联合行动，推动更多医疗康复资源进入养老服务领域，深化医养结合，构建健康预防、医疗、康复护理和生活照料一体化的养老服务体系，实现从被动照护到健康养老的转变。整合康养服务资源，建设1000个康养联合体，探索不同层级康养联合体模式，重点探索医养康养资源结合的机制创新，实现康复护理资源进社区进家庭有效突破，促进老年人功能恢复、增强自理能力。100张以上床位的养老机构普遍建立康复室，在康养联合体建立应急救护培训基地、应急救护培训师工作室等。所有护理员都具备基本的康复和急救知识，高级护理员掌握康复和急救技能，能指导老年人开展康复训练。四星级养老机构配有康复护士，五星级养老机构配有康复医师或康复治疗师。

促进乡镇（街道）居家养老服务中心、城乡社区居家养老服务照料中心设置更加合理，结合区域面积、人员流动等情况进行微调。倡导传统孝道，推动敬老、孝老写入公民道德教育、村规民约和党

政干部行为规范，打击欺老、虐老行为，形成浓厚的孝老、赡老社会氛围。鼓励家庭承担养老基础性功能，鼓励成年子女与老年父母就近居住或共同生活，80周岁以上老年人户口可随迁子女户口所在地。鼓励成年子女陪护老年父母，探索子女照料住院父母的陪护假制度。对需要长期照护的失能失智老年人家庭提供免费或低偿的喘息服务，对家庭照护者（配偶、子女、亲属、邻里、保姆等）进行免费护理知识和技能培训。

此外，农村、山区、海岛是浙江省养老服务问题最突出的地区。山区26县养老服务供给水平存在一定的困难和问题，财政人均养老服务投入水平较低，山区26县用于养老服务领域的支出人均水平低于全省平均水平。山区农村养老服务边际成本较高，老人分散居住，养老服务均衡布局难度大，服务设施难以覆盖。养老服务队伍专业化水平较低，护理员多为本地农村妇女，年龄偏大，年龄段集中在50—60岁，文化水平偏低，职业社会认同感和待遇较低，人员流动率高。

加强山区、海岛基本养老服务保障。为此浙江省在《推进民政事业高质量发展建设共同富裕示范区行动方案（2021—2025年）》中提出，深化"海岛支老、一起安好"行动，积极探索山区养老服务覆盖实现方式。建立统一的基本养老服务项目清单，保障基本养老服务供给，提高高龄津贴和百岁老人长寿保健金标准，优化发放流程。推进城乡养老服务均衡发展，加强山区、海岛的基本养老服务保障，重点是留守老年人养老服务工作。通过建立居家社区探访及养老援助制度，针对空巢、留守、失能、重残、计划生育特殊家庭等特殊困难老年人每月至少探访一次，并提供相应援助服务。以社区为单位建立居家社区养老紧急救援系统，老年人不分户籍享受城乡养老服务设施，探索开放性的老年福利政策，逐步惠及常住老年人口，并积极探索港澳台同胞、外籍人员享受老年优待。

截至2021年，浙江全省建成乡镇（街道）居家养老服务中心

1456家、城乡社区居家养老服务照料中心2.24万个，实现全覆盖；8个设区市被列为国家居家和社区养老服务改革试点地区。助餐配送餐服务覆盖1.3万个城乡社区，占全部社区55.3%。近两年，每年新增居家养老服务用房超过7万平方米。全省住宅累计加装电梯3074台，另有953台在建。

山区26县公建民营和纯民营养老机构占比已达80.6%，其中12个县（市、区）已达100%。从居家养老服务中心运营看，山区26县公建民营的养老服务中心比例高达89.8%，其中21个县（市、区）已达100%。康养结合成为山区县养老服务新增长点，如磐安县打造中医药养生养老服务特色，打造一批旅居村，2021年来磐康养旅居125万人次，总收入达1.91亿元。武义县发挥"温泉+中医药"优势，试点建设温泉疗养院县级康养联合体。山区养老服务供给瓶颈正在努力破解，松阳县探索"农村宅基地换养老"模式，已有36个村实行，新建或修建老年公寓708套，安置1350人，盘活存量建设用地14.2万平方米。泰顺县探索"劳养模式"，居家养老服务中心引入简易来料加工项目，发展"边角经济"，老人每月可实现收入400元以上。青田县探索"侨乡养老管家"模式，建设智慧服务平台和专业化的管家队伍。

第三节　构建多方参与的养老服务供给体系

完善的养老服务供给体系需要多方力量参与，政府主导的公办养老机构能够对养老服务供给起到兜底的作用，而市场化养老服务机构的参与能够让养老服务供给更加合理。同时，养老服务供给市场化还能有效促进整个养老产业的发展，从而使养老服务能够吸引更多人才，实现养老服务供给体系的良性循环。为满足日益增长的养老服务需求，浙江省首先通过公办养老机构改革，将社会力量引入养老服务供给体系；其次，通过长期护理保险和医养结合制度的实施，提高养老服务筹资能力，促进养老产业发展；最后，建立人才培养体系，解决养老服务人才短缺的问题。

一 坚持公办养老机构的公益属性，鼓励社会力量参与养老服务供给

公有制经济是国民经济命脉，需要承担起更多的社会责任，起到兜底作用，坚持公办养老机构的公益性质，重点为经济困难失能失智老年人、计划生育特殊家庭老年人提供无偿或低收费托养服务。对有集中供养意愿的特困老年人实行集中供养；对生活不能自理的特困老年人，逐步实现全覆盖。坚持惠民原则，规定公办养老机构的建设成本标准和收费价格，控制建设成本，防止过度豪华。同时，鼓励民办养老机构提供普惠养老服务。对民办非企业单位登记养老机构的加强财务审计和年度审查，确保其公益性，防止逐利行为。探索具备条件的公办养老机构改制为国有养老服务企业。

鼓励社会力量参与养老服务供给。2015年浙江省第十二届人民代表大会通过了《浙江省社会养老服务促进条例》，对社会养老服务工作进行规范，并提出"鼓励社会资本参与社区居家养老服务照料中心的建设和运营"。浙江省通过开放、公平、透明的营商环境，吸引省内省外，私有、民办参与提供养老服务体系建设，做到对公有、私有一视同仁，保障外资举办养老服务机构享受国民待遇。同时支持养老服务机构规模化、连锁化、品牌化发展，规范公建民营养老机构监管。发展集中管理运营的社区养老服务网络，支持具备综合功能的社区服务设施建设，推动形成"15分钟养老服务圈"。引导专业化养老服务机构进社区、进家庭，提升家庭照护能力。大力发展政府扶得起、村里办得起、农民用得上、服务可持续的农村幸福院等互助养老设施。鼓励民间资本对企业厂房、商业设施及其他可利用的社会资源进行整合和改造后用于养老服务。推动培训疗养资源转型发展普惠养老服务。此外，浙江省还大力发展政府购买养老服

务，促进社会组织、志愿者参与养老服务。通过开展"银龄互助"活动，倡导低龄、健康老年人为高龄、失能老年人提供服务，并积极探索"时间银行"养老模式。

二 建立养老服务筹资制度，激励养老服务供给高质量发展

基本养老公共服务是保障全体老年人基本生存权和发展权必须提供的基本公共服务。现阶段基本养老公共服务的最大需求来自失能、失智及高龄老人的长期照护服务。在浙江省实现基本公共服务均等化的过程中，通过长期护理保险、医养结合等政策，提高养老服务的筹资能力。

为积极应对人口老龄化，增进老年民生福祉，早在2016年，长期护理保险制度试点就在全国范围内启动，宁波市被纳入首批试点。在此基础上先后在桐庐县、嘉兴市、义乌市、温州市等地陆续开展试点工作，长期护理保险试点，为家庭提供养老照护补贴，使得失能家庭获得更充裕的家庭预算，从而促进养老产业的发展。

此外，浙江省卫生健康委员会等12部门出台《关于深入推进医养结合发展的若干意见》，重点提升养老公共服务供给能力。一是加强医养结合机构建设。养老机构按照自身的条件，确定是否设置医疗机构，其中，医疗部门的设施方式分为三种，即养老机构自己组建医疗部门，与医疗机构合作建设，以及由医疗机构在养老机构建设分院。医疗部门主要为老年人提供基本医疗、慢病管理、康复护理等服务，并鼓励将养老机构的闲置床位与医疗机构合作开展医养结合服务。二是推进社区居家医养结合设施建设。实施社区医养结合能力提升工程，通过乡镇（街道）居家养老服务中心建设和基层医疗卫生机构、敬老院提升改造，改扩建一批医养结合服务设施。推进乡镇、村医疗卫生和养老服务设施统一规划、毗邻建设。城区新建社区卫生服务机构可内部建设社区医养结合服务设施，新建"未来社区"，需建设医养结合服务设施。鼓励各类主体在社区设立

集医疗护理、生活照护等服务于一体的嵌入式医养结合机构,为失能、失智等老年人提供集中或居家医养结合服务。

通过政策的逐步推进,浙江省养老服务能力得到明显提升。截至2021年底,养老机构床位数显著增加,全省共有养老机构1867家,床位30.07万张,每千名老年人拥有养老床位数24.9张。其中,护理型床位16.39万张,占比54.5%。医养结合逐步实现,建成康复医院和护理院254家,康复护理床位达70449张,全省每千名老年人拥有康复护理床位4.6张。目前,全省已建医养结合机构达357家、床位12.55万张。医疗卫生机构与养老机构建立签约合作关系的有1762对,为老年人提供上门服务的基层医疗卫生机构、医院分别为2438家和237家,与城乡社区居家养老服务照料机构建立合作关系的医疗卫生机构有1.48万余对。宁波、温州、嘉兴、桐庐、义乌5个市(县)开展了长期护理保险试点,截至2021年底,5个试点地区覆盖参保人数877万人,累计享受待遇人数5万人,5个试点地区长护险基金累计支付7.82亿元,失能人员每年人均享受待遇1.56万元。①

三 加快养老服务人才培养,提升养老服务质量

扩大护理人员队伍。与全国大部分地区类似,浙江省也面临养老服务人员短缺的问题,因此加大养老服务人才供给,增加护理人员数量成为解决供给不足的首要任务。一是扩大老年护理专业招生,浙江省鼓励院校开设老年康复护理专业,扩大招生规模,实行毕业生持"救护员证+毕业证"双证毕业制度,打造一批老年康复护理学科与专业。二是引导失业人员养老行业再就业,将确有就业能力和培训需求、未按月领取城镇职工基本养老保险的人员(年龄不设上限)纳入职业技能提升行动对象。大力开展养老护理员培训,实施养老护理技能等级认定,推动养老护理技能等级认定机构的建设和

---

① 注:若无特殊说明,本章数据均来自本课题调研组收集的各部门汇报材料。

规范管理，养老服务机构聘用养老护理员、康复技师，参照享受员工制家政服务企业社保补贴政策。三是加强农村养老护理员队伍建设和培训，要求服务机构人员专业培训全覆盖，鼓励养老康复护理人才积极参加各类职业技能大赛。四是建立养老培训体系，完善培训的内容、程序和师资队伍建设，加强培训的系统性，推动产生一批品牌化、规模化的培训机构，大力引入养老机器人，以智慧提高人力服务效能。

提高服务人才素质。目前，养老服务队伍专业护理人员匮乏，护理队伍专业化素养不高。为使养老护理队伍结构更加合理，浙江省出台了《浙江省养老服务专业人员入职奖补办法》鼓励养老服务、康复护理等专业的高等院校、高职的毕业生入职养老服务机构，提高高级护理员、技师在护理团队中的比例。鼓励持证社会工作者开展养老机构和社区居家老年人专业服务，促进社会工作更好地运用于养老服务领域，形成一批服务案例，扩大乡镇（街道）社会工作站覆盖，按照每60张养老机构床位配备1名社会工作者，社会工作者与社区老年人比例达到1∶500。通过开展多层次、多渠道的养老服务人才培训，加强培训的规范性和系统性，并选派一批优秀的护理员赴国外培训，培养储备一定数量具备外语交流能力的养老人才。此外，浙江省还鼓励各地因地制宜出台人才激励政策。各地可根据护理员工作年限、技能等级等情况给予适当的奖补，并将养老护理列入"十百千"新时代浙江工匠遴选和各级技能大赛项目，对获奖人员落实相应支持激励政策，鼓励养老机构给予晋职任用。

通过对养老服务人才的培养和挖掘，浙江省养老护理队伍得到有效补充。目前，全省共有6.4万人持有养老护理员资格证书或等级证书，其中高级养老护理员9789人、技师238人。有40所本专科院校、52所中职学校、5所技工院校开设了健康管理、康复治疗技术、老年护理等养老服务相关专业。2019—2020年，浙江省参加国家养老护理技能竞赛和长三角养老护理大赛，均荣获团体第一名。

第四节　利用数字化创新服务和管理手段，提升养老服务效能

数字化是推动当今经济发展的重要力量，数字化改革就是将传统行业通过互联网与信息化平台建立联系，从而实现管理手段、服务手段的创新发展。浙江省是数字化改革的先行者，数字经济发达，运用好数字化手段将有助于推动养老服务能力高质量发展。在实际的运行过程中，浙江省重点打造了"浙里康养"智慧养老服务平台，实现了养老机构的信息共享和综合监管。这些措施也为智慧化养老服务机构提供了方便，居家养老、机构养老、养老器具租赁机构等迅速发展，进一步提升了养老服务质量和效能。

一　数字化赋能智慧养老服务平台

重点打造"浙里养"智慧养老服务平台。2020年，浙江省利用物联网、大数据和人工智能等技术，以"1+5+N"总体框架，建成全省统一的"浙里养"智慧养老服务平台，并实现高效运行。打造养老服务数据库，推进养老机构开业"一件事""一床一码"、家庭养老床位、智慧养老社区、幸福养老指数发布等服务应用场景，实现信息共享、供需对接和综合监管。链接各地个性化养老服务平台，对接养老服务市场主体服务平台，为老年人及其家属、养老服务机构、从业人员和各级涉老政府部门用户，提供养老政务服务、社会服务、公益服务并链接市场服务。在2021年浙江省发布《推进高质量发展建设"浙里康养"工作方案（2022—2025年）》，"浙里养"迭代升级为"浙里康养"，拓展为"1+5+5+N"总体框架，具体包括：建1个康养数据云，构建老年人精准画像，涵盖政府、社会、市场和群体数据；构建5个"老有"场景，打造综合型养老超市，包括老有所养、老有所医、老有所为、老有所学和老有所乐；解耦重

塑 5 个流程环节，把涉老事项分解到受理、评估、办理、支付和监管环节，智能匹配、便捷操作，前期应用养老服务体系，逐步向社会保障体系和健康服务体系拓展；同时为老年人及其家属提供 N 个微服务。

自"浙里康养"智慧养老服务平台建设以后，整合了 16 个"浙里康养"省级专班成员单位共建共享，整合省委老干部局牵头建设老有所学场景，省卫健委共享预约挂号、健康体检等热门应用，省医保局共享医保码、医保报销等应用。积极推进"一地创新、全省共享"，共 17 个市县参加全省"老有所养"场景线上路演，入选"浙里康养"市县专区，如杭州居家养老、台州老省心、西湖一键养老、洞头 e 养食堂、嘉善城乡共养、秀洲家庭床位、永康农村康养、诸暨机构养老、南湖社会助餐、萧山安居守护、拱墅智慧援助等场景。智慧养老院、智能服务终端被列入省政府年度民生实事，通过场景路演，各遴选了 6 个市县和 9 家研发企业的典型案例，全省目前已建成智慧养老院 82 家，配备智能服务终端的乡镇（街道）居家养老服务中心 1239 个。

二 发展多层次养老服务新业态

由于传统养老观念迭代更新，养老需求向前端转移，个性化的养老需求逐步释放，养老服务业态也越来越丰富。浙江省"十四五"规划中提出促进高新技术与养老服务融合发展，鼓励市场研发高科技康复辅具产品、养老监护设备、老年益智类玩具游戏、情感陪护机器人等老年用品，加快人工智能、虚拟现实等新技术在养老服务领域的集成应用，在解决基本养老服务需求的同时丰富老年人精神生活。加快发展以智慧养老、健康养老为主要业态的养老服务业，与时俱进地发展森林康养、健康小镇、旅居养老、国际旅游等健康养老产业，促进养老服务业与新农村建设、绿色农产品开发、教育培训、健康娱乐、体育文化、旅游开发、家政服务等产业的融合发展。

打造多层次养老产业平台。一是推进"养老产业园"建设，引进养老服务企业，集聚老年产品用品企业，实施优惠政策，减轻企业成本，推进养老服务和产品用品市场发展。鼓励研发生产制造有地方特色的高质量、多样化的老年产品用品，支持建立老年用品专业市场和老年用品网络交易平台。鼓励老年用品企业参加展会和论坛等，拓宽推广销售渠道。培育一批带动力强的龙头企业和知名度高的优秀企业，以大企业、大品牌带动产业集聚，形成基地化集聚发展规模效应，推动养老服务业融合发展。加快发展康复辅具产业，打造一批"浙江智造"知名自主品牌和骨干企业。鼓励创办老年文化节、老年产品博览会等。二是建设康复辅具租售平台。设立集展示、体验、租赁、销售为一体的康复辅具适配服务平台，设区市不少于1个，50万人口以上的县市争取各建立1个，普遍开展康复辅具租售业务，给老年人提供更多、更好、更精细的产品体验，引导老年人养成使用康复辅具的习惯，提高市场对康复辅具器具的消费需求。设区市各建立1个康复辅具洗消场所。培育一批适老化改造企业，促进适老化产业形成。三是建设区域化国际化交流平台。积极推进长三角养老服务体系一体化，加强标准协同互认、人才培训、旅居养老、康养基地建设等方面的合作，持续推进长三角示范区区域养老服务合作。加强与日本、德国的常态化养老服务国际交流，引进国外先进管理团队、专业化人才、养老服务企业，在杭州、宁波等地建设一批国际化的养老机构、养老社区。

第五节　结论与政策建议

为积极应对人口老龄化，浙江省出台了多项制度和措施，在推进养老公共服务均等化方面取得了显著成效，一是通过统一服务标准、加大财政转移支付力度、优化养老服务布局等手段，推动养老服务供给的结构化改革。二是利用公办养老机构带动社会力量参与，通过长期护理保险制度和人才培养制度，鼓励民营养老企业发展壮大，提高护理人员数量和质量。三是创新服务和管理手段，充分利用数字化打造智慧养老服务平台，通过互联网发展多层次的养老服务新业态。

但从长期来看，仍存在一些风险。一是山区养老问题还没有得到有效解决，山区地域广，老年人居住分散，养老护理机构的边际成本较高，企业效益的成本较低，而单纯依靠补贴的机构又缺乏相应的激励，有养老服务需要的老年人无法通过市场交易引导养老服务资源的合理配置。二是目前公办养老机构的效率不高，部分优质养老机构存在"一床难求"的情况，也有一部分养老机构则鲜有人问津，一方面原因是养老机构经营不善，要么是服务不到位，要么是缺乏激励机制导致资源配置不合理；另一方面原因是缺乏有效监管。三是数据安全问题，随着大数据的普及应用，老年人普遍缺乏数据安全意识，老年人个人健康及相关数据信息容易发生泄露，给不良商家及不法分子提供了违法诈骗的空间，给老年人的生活和心理健康造成了威胁。

为此提出以下建议：

一是要加强党的领导作用，确保党对积极应对人口老龄化工作的领导。做好养老机构党建工作，实现公建民营机构和所有民办养老机构全覆盖，加强党在养老服务领域的影响力、渗透力、控制力。引导、鼓励党员干部参与养老服务，充分发挥离退休党员干部、工青妇等群团组织的作用，最大限度地凝聚为老服务力量。

二是推进财政补助方式改革。财政补助方式从传统的"补供方"转向"补需方"，整合各类养老机构床位建设补助、运营补助、星级评定补助、养老服务补贴、重度残疾人护理补贴等政策，建立失能失智老年人长期照护保障制度，将补助资金的支配权留给失能、失智的老人。让老人能够通过"用脚投票"的方式引导养老服务资源的合理配置。保障制度覆盖全省失能、失智老人，兼顾老年人身体状况与家庭经济状况，统筹机构养老和居家养老，重点保障农村、山区、海岛老人的失能照料补助。

三是深化公办养老机构改革。推进公办养老机构改革。推动国企化改制和公建民营。鼓励市县社会福利中心和敬老院改制为国企，建立灵活的薪酬体系和用人机制。推进公建民营，合同期限最长不超过10年，加强监管，确保国有资产不流失。改革公办养老机构入住方式，建立入住轮候制度。推动公办养老机构价格改革。保留市县一定比例的公办养老机构。制定优惠政策减轻企业负担。政府、事业单位和企业腾退的用地、用房，适宜的要优先用于养老服务。鼓励金融机构创新养老金融产品和服务，加大对养老服务机构和涉老产品生产建设的支持力度。加强对养老服务机构经营者管理者的培训，提高其经营能力。

四是加强服务质量监管和数字安全监管。探索包容而有效的审慎监管方式，推动制修订相关法律法规和标准规范，加强服务质量监督监测，构建责任清晰、多元参与、依法监管的服务质量治理和促进体系，提高服务质量。强化事中事后监管能力，实行监督检查结果公开、质量安全事故强制报告、质量信用记录、严重失信服务主体强制退出等制度。强调数字安全问题，制定网络安全、个人信息保护、数据安全等相关的法规政策，严厉打击侵犯和泄露数据的行为。鼓励开展第三方服务监管，充分发挥社会监督作用，拓宽公众参与监管的渠道，推广服务质量社会监督员制度，积极培育养老服务行业组织，支持行业协会增强服务能力，发挥推进养老服务业高质量发展的积极作用。

附录案例：绍兴市养老服务发展面临的挑战

绍兴市地处中国华东地区、浙江省中北部、杭州湾南岸，是长江三角洲中心区 27 城之一。全市下辖 3 个区、1 个县，代管 2 个县级市，陆域总面积为 8273.3 平方千米。2021 年，绍兴市常住人口为 533.7 万人，户籍人口为 446.85 万人，城镇化率 71.5%。绍兴市民营经济发达，城乡居民收入差距较小。2021 年，绍兴市地区生产总值 6795 亿元，三次产业结构之比为 3.3∶47.5∶49.2，人均地区生产总值为 127875 元，高于浙江平均水平。绍兴是中国民营经济最具活力的城市之一，2021 年末在册市场主体 68.07 万户，其中，企业 22.94 万户，个体工商户 45.13 万户。2021 年城乡居民人均可支配收入比值为 1.71，居全省第四位，低于全国的平均值（2.50）。全体居民人均可支配收入 62509 元，其中，城镇常住居民人均可支配收入 73101 元，农村常住居民人均可支配收入 42636 元。2021 年全年财政总收入 955 亿元，其中，一般公共预算收入 604 亿元；一般公共预算支出 714 亿元，其中，民生支出 528 亿元，占总支出的 73.9%。基本养老保险参保人数 368.93 万人，比 2020 年末下降 0.1%；企业职工养老保险参保人数 263.43 万人，增长 2.3%。

绍兴老龄化程度高于全省平均水平，是浙江省较早进入老龄化的城市。老龄化下，养老面临普遍问题，老年人按照自理能力分，大致可以分为自理和不能自理两类，老年人的失能比例在 10%—20%。养老服务不仅为失能老人提供护理服务，还要为健康状况尚可的老人提供生活支持，包括给这些老人提供基本的活动、社交场所，提供"助餐"及其相关服务。破解这些问题不仅需要建造养老院，更需要保证服务的供给，解决护理人员不足、老年人用餐等问题。绍兴是浙江省较早进入老龄化的城市，老龄化程度高于全省平均水平。浙江省第七次人口普查显示，绍兴全市常住人口中，60 岁及以上人口为 119.09 万人，占 22.59%，其中 65 岁及以上人口为 85.42 万人，占 16.21%。与 2010 年第六次全国人口普查相比，60 岁及以上人口的比重提高 7.24 个百分点，65 岁及以上人口的比重提高 6.27 个百分点。2021 年户籍人口的 60 岁及以上人口占比高达27.32%，位居全省第二。为应对老龄化问题，绍兴市政府连续8年将养老服务列入民生实事项目，养老硬件设施日趋完善。2021年，全市共有养老机构139家，累计建成126家乡镇（街道）级居家养老中心，覆盖103个乡镇（街道），实现乡镇（街道）居家养老中心全覆盖。2021年新建老年健康服务示范点10家，完成9个康养联合体试点建设，2683户生活困难老年人家庭完成适老化改造。2020年全市新设医养结合机构18家，每千名老人拥有医疗机构床位数为3.8张。

相较于养老机构的建设力度来说，养老护理人员供给相对不足。一位在养老护理一线有多年工作经历的人员表示，绍兴养老机构的硬件环境其实都跟得上标准，有相应的康复训练室和活动室，生活在养老机构的老人可以获得较为舒心的生活环境，但最大的短板是护理员紧缺。目前养老机构的护理人员大多是50岁上下的农村阿姨，年轻人、高素质的护理人员非常稀缺。由于护理员的主要工作是对老人进行生活照料、心理慰藉（如缓解老人的不良情绪）和康复辅助，辛苦而琐碎，工作压力大，岗位缺乏对年轻人的吸引力，一些年纪大的护理员也逐渐退出护理员队伍，而年轻的"80后""90后"都不愿意入职一线护理员岗位。工资待遇偏低、休息时间少、缺乏上升通道、社会认可度不高是造成养老护理员供给不足的几大主因。

除了生活照料之外，另一个需要解决的是空巢老年人吃饭问题。对于老年人来说，"衣住行"方面的需求都不高，唯独"食"是一道难题。不想做，做不动，"做一餐，吃一天"，吃上热乎饭，成为许多老年人尤其是农村老年人的迫切需求。一些基层组织或个人积极探索养老助餐服务，办起了"爱心食堂"，为高龄老人、残疾人免费提供午饭或晚餐。

第六章　共同富裕历程中住房保障的浙江经验

狭义的住房保障一般特指对在城镇生活的中低收入住房困难人员所提供的住房帮扶政策和措施。这部分人群的普遍特征是支付能力有限，难以通过购买和租赁等纯粹的市场交易来获得适足的住房，因此需要政府的帮扶政策使其获得基本保障。相比较，广义的住房保障既包括对中低收入人群住房的保障，也包括对有一定市场支付能力的其他收入人群住房问题的关注。在共同富裕的实现过程中，住房需求从"有房住"到"住好房"的逐步提高是人民群众生活水平日益增长，民生福祉增进自然发展的结果。"住有所居，居有所安"是每个人基本生活需求的重要组成部分，全面发展的住房保障事业既需建立精准的住房保障体系，提供中低收入人群可负担的保障性住房，也需健康稳定的住房市场体系，让部分具有一定支付能力的人均可以在市场中获得适宜的商品住房。

在"扎实推动共同富裕的历史阶段"，面对各类人群多样化且不断增长的住房需求，浙江住房保障事业在不断摸索和发展过程中灵活有效地组合各类住房保障政策，探索出共同富裕实践过程中住房多渠道保障的浙江路径。本章首先回顾浙江住房保障从"十一五"时期至"十三五"时期的住房保障成效，然后从广义住房保障的视野出发，分析"十四五"时期以来浙江在住房保障方面的主要做法，所面临的主要问题，以及浙江省为解决这些问题所做的制度创新和前沿实践,旨在梳理浙江住房保障政策发展历程的基础上,总结浙江的住房保障路径经验,为住房保障事业的未来发展提供浙江解决方案。

本章第一节以时间为线索梳理浙江从"十一五"时期至"十三五"时期住房保障的主要政策措施和成效,第二节将分析"十四五"时期以来浙江住房保障政策的实施重点。第三节将在前文梳理的基础上分析浙江住房保障面临的问题,第四节将在经验总结的基础上展望浙江住房保障的未来发展趋势。

第一节 浙江住房保障事业发展历程

在2003年浙江省委十一届四次全会上,时任浙江省委书记的习近平同志根据浙江发展优势和特点提出"八八战略"作为巩固党执政的重要经济基础。在浙江省委十一届七次全会上,习近平同志又作出"巩固八个方面的基础、增强八个方面的本领"的工作部署,作为党建方面的"八八战略"。其中,为巩固党执政的社会基础,需"重视和维护人民群众最现实、最关心、最直接的利益",其重点放在包括"城乡住房"在内的10个领域。2004年,浙江省委、省政府在全国率先出台《关于建立健全为民办实事长效机制的若干意见》,在包括城乡住房在内的10个重点工作领域建立年度督查考评机制,并形成刚性约束。从"十一五"时期至今,浙江省持续探索建立为民办实事的长效机制,在住房保障方面通过多元参与创新形成多样化的保障方式,建立多层次的保障机制,政策覆盖面从最低基本保障扩展到外来务工人员、新增就业人员,浙江全省住房保障经历了从粗放式供给到精细化保障,从总量增加到均质提升的发展过程。

一 "十一五"时期浙江住房保障事业发展概况(2006—2010年)

在"十一五"时期之初,随着浙江工业化水平的进一步发展,城镇化步入中期阶段,浙江社会结构加速变动,资源环境约束加剧,城乡和地区差异以及住房建设各类问题导致的矛盾趋于复杂化，住房建设事业既面临良好的发展机遇，也有严峻的挑战。

根据建设部公布的《2005年城镇房屋概括统计公报》，截至2005年末，浙江全省城镇居民人均住宅建筑面积达到35平方米，在全国居于首位。同时高房价对大部分家庭而言依然是沉重的负担，中低收入人群住房问题凸显。中等收入人群是社会稳定的基础，其安居乐业关系社会整体发展与安宁，也正是这部分人群收入增长速度相对偏低，需要住房保障政策的帮扶。例如，杭州高收入家庭的人均收入在2000—2006年增长了2.32倍，最低收入家庭只增加了1.97倍，中低收入人群的收入增长速度更加滞后于房价的增长速度。浙江省的住房投资增长速度在邓小平1992年南方谈话之后曾经历一个高峰，1993年投资总额是1992年的4倍，达到76.36亿元，之后增长速度相对放缓。自1999年开始，浙江省住房投资进入新一轮的快速增长，全省住房投资占固定资产比例从1999年的4.18%提高到2006年的15.06%。改革开放以来，浙江省住房建设已基本解决了住房的绝对贫困问题，仍存在的是住房相对贫困问题，即如何在追求更高层级住房需求的同时缩小住房消费的两极化。

为解决中低收入人群的住房问题，浙江在"十一五"时期持续加大经济适用住房建设和廉租房制度实施力度，通过提高保障房供给总量切实解决一部分困难群众的住房问题。据统计，2001—2005年，浙江全省经济适用房建立累计达1718平方米，解决20万户困难家庭的住房问题。2005年《浙江省经济适用住房管理办法》发布实施，将经济适用房政策从原来侧重保障实物分房不足的职工家庭调整为保障中低收入住房困难家庭，同年浙江省政府发布《切实稳定住房价格加强住房保障工作》的通知，明确在2005—2007年，要建设1000万平方米的经济适用房。2007年浙江省人民政府出台《关于加快解决城市低收入家庭住房困难的实施意见》，从2008—2010年浙江全省每年新开工经济适用住房300万平方米以上。

2006年浙江省人民政府出台《关于进一步加强城镇住房保障体系建设的若干意见》，明确要扩大廉租房保障范围，在2006年底所有市、县（市）需全面推行针对最低收入人群的廉租住房制度，在2007年底实现对最低收入人群应保尽保的基础上，可逐步扩大到对中低收入人群的保障，力争在2010年底基本实现城镇低保两倍以下城市低收入住房困难家庭廉租住房"应保尽保"。在具体实施中，以杭州为例，在2005—2006年曾两次放宽廉租房配租条件，并加大保障力度，从原来的8平方米增加到11平方米。在省级政策的大力推动下，2006年底，全省59个县建立了廉租房制度，据统计仅2006年浙江全省投入廉租房工程建设的资金就达到2.2亿元，使90%以上的困难户获得廉租房的政策保障，使大约1.85万户困难家庭获得优惠待遇。截至2010年末，全省累计解决77万户城市中低收入家庭住房困难问题，其中"十一五"时期解决近59.2万户。此外，长期建立的公积金制度累计归集公积金2285亿元，发放公积金贷款86万笔共计1614亿元，帮助86万户职工家庭改善了居住条件，其中"十一五"时期帮助43万户职工家庭改善了居住条件。

受城乡二元体制的影响，住房保障制度一直以来侧重城镇住房问题，农村住房保障制度建设实施相对滞后于城镇居民住房保障制度。随着农村人口老龄化程度的加剧，外出务工人员增加，长期留守农村的劳动力减少，部分仍生活在农村的留守人员既没有经济能力也没有劳动能力改善农村的居住条件，虽然部分农村存在大量闲置住房，但住房的质量和居住环境有待提高。为此，浙江省政府将农村住房困难家庭的住房问题与农村基本生活保障制度相结合，在2003—2005年基本落实农村五保和城镇"三无"对象的集中供养。截至2005年底，农村五保和城镇"三无"对象的供养率分别达到92%和97.5%，绝大部分通过敬老院和福利院解决集体供养问题。同时省政府在省级层面设立住房专项救助制度，到2005年完成了5000户农村低保家庭的危房改造任务。这些政策在"十一五"时期持续发挥作用，截至2010年末，全省累计完成72万余户农村住房改造，累计完成农村困难家庭危房改造11.2万户。

截至"十一五"末期，浙江省住房保障在已有成效和制度基础上还存在一些问题。由于需保障对象数量庞大，保障性住房的建设成本和行政成本对于政府财力压力一直较大，住房保障的覆盖面是一个长期存在的问题。保障房的土地一般采用划拨供给，在选址上通常会避开土地价值高、住房增值收益预期高的城市繁华区域，因此保障性住房供给职住分离、空间错配的情况普遍存在。经济适用房和廉租房的制度设计初衷是希望形成可循环的高效利用的住房保障机制，但在实施过程中保障房的回收和回购机制还有待进一步完善，部分保障性住房空置或用于出租，还需政策在分配、使用、回收环节进一步规范保障性住房的管理和运营。另外"十一五"时期，住房保障方面还新增了限价房和公租房两类住房，为"十二五"时期建立多渠道多样化的住房保障政策奠定了基础。

二 "十二五"时期浙江住房保障事业发展概况（2011—2015年）

进入"十二五"时期，浙江省在维持经济平稳发展的基础上，以调整经济结构为主攻方向。在"十二五"之初提出的《浙江省国民经济和社会发展第十二个五年规划纲要（草案）》中明确"城乡区域协调发展实现新突破"。"新型城市化战略深入实施……县城、中心镇和美丽乡村建设取得重大进展，欠发达地区跟上全省发展步伐，城市化率达到63%左右，城乡一体化发展迈上新台阶。"并将城镇保障性安居工程建设作为约束性指标进行工作部署。这一时期住房保障政策在延续之前经济适用房和廉租房的基础上大力发展公租房政策，将廉租房与公租房并轨运行。

2011年全省新开工保障性安居工程住房21.6万套，其中新增廉租住房货币补贴7753户，完成国家下达目标任务的117.2%。同年全省完成农村住房改造建设41.4万户、累计完成117.4万户，实现全省农房改造四年任务三年超额完成。

2012年全省新开工保障性安居工程住房17万套，其中新增廉租住房货币补贴8645户，完成国家下达目标任务的117%。党的十八大报告提出要城乡一体化，统筹城乡发展，并提出在改善民生方面需"统筹推进城乡社会保障体系建设"。与国家政策方针相一致，浙江省在推进城镇住房保障工作的同时，完成农村住房改造建设36.31万户，完成投资975.5亿元；完成农村困难家庭危房改造4.9万户，完成投资24.41亿元，实现了农村低保收入标准（2007年）150%以下的困难家庭危房改造任务；省政府办公厅下发了《关于实施农房改造建设示范村工程的意见》，确定启动120个农房改造建设示范村。

2013年全省新开工城镇保障性安居工程住房19.4万套、竣工11.1万套，分别完成省政府确定目标任务的129.3%和123.3%。农村农房改造示范村工程新启动200个村，两年累计实施342个村，有利地推进了农村人居环境整治，初步形成具有浙江特色的农村新风貌。

2014年全省新开工保障房20.6万套（其中实施各类棚户区改造16.8万套），基本建成16.9万套，竣工13.3万套，分配8.3万套。在制度改革方面全面实施公共租赁住房和廉租住房并轨运行，积极推行公共租赁住房"租补分离"制度。这一年浙江省深刻认识和全面把握新常态下速度变化、结构优化、动力转换的本质特征，在住房保障方面以"三改一拆"深入推进城市建设结构优化。城镇住房保障在原来侧重覆盖面和总量供给的基础上，更注重质的建设，重点关注存量住房的安全保障。首先是摸清底数，截至2014年全省共有城镇住宅房屋37万幢约8亿平方米，其中丙类住宅房屋2.9万幢约2278万平方米。在此基础上开始危房违建的全面治理，大力推进"三改一拆"工作，推进"无违建县"创建、建立健全长效机制的巩固之年。具体分解为四方面的工作任务：一是基本消灭违建存量，完成1亿平方米存量违法建筑的处置工作。二是加快推进"三改"，全面开展11个设区市4000万平方米城中村改造。三是深入推进"无违建县"创建，力争20%的县（市、区）创建"无违建县"。四是狠抓长效管理，建立健全"三改一拆"公示透明、巡查举报、处罚追责、群众参与等长效管理机制。全年拆除违法建筑1.66亿平方米（累计3.16亿平方米），实施"三改"1.84亿平方米（累计3.74亿平方米）；拆违涉及土地15.7万亩（累计32.05万亩），"三改"涉及土地13.07万亩（累计28.91万亩）；全面开展"无违建县（市、区）"创建，有44个县（市、区）申报了创建计划。

农村住房保障对农村住房宜居性和人居环境的侧重凸显，2014年省政府出台《关于进一步加强村庄规划和设计工作的若干意见》，并开展《关于改善农村人居环境规划》等省级课题研究。新启动220个美丽宜居示范村建设，累计实施562个。开展首届"美丽宜居"优秀村庄规划评选和优秀农房设计竞赛。新增86个村列入中国传统村落名录，累计达176个村。

2015年在保障性安居工程建设方面，全省新开工保障性安居工程住房27.5万套（其中棚户区改造22.6万套），基本建成27万套，竣工19.7万套，交付入住14.9万套，新增分配公共租赁住房43796套，均超额完成年度目标任务。实施棚改货币化安置27728户，为2014年的4.3倍。

城乡住房安全保障方面继续推进"三改一拆"。1—12月，全省拆除违法建筑1.58亿平方米，实施旧住宅区、旧厂区和城中村改造（"三改"）2.16亿平方米，分别完成目标任务的176%和240%；拆除违法建筑涉及土地面积14.49万亩，"三改"涉及土地面积16.90万亩。全省累计拆除违法建筑4.75亿平方米，实施"三改"5.89亿平方米。全力开展创建"无违建县"工作，制定下发《浙江省"无违建县（市、区）"创建三年行动计划》《"无违建县（市、区）"创建标准及验收办法》。全省登记在册住宅房屋39.3万幢、8亿多平方米，其中存在严重质量安全隐患的丙类住宅房屋27077幢、2017万平方米，已完成鉴定7361幢、485万平方米。在农村困难家庭危房改造方面，国家下达的1.7万户年度改造任务全部开工，完工1.6万户。

在"十二五"时期，浙江住房贫困现象基本获得改善，城市空间得到优化，城市品质大幅提高。全省城乡住房保障总体得到进一步推进，全省新开工建设各类保障性安居工程住房99.1万套，超额完成浙江省"十二五"规划提出的开工建设各类保障性安居工程住房76万套的目标任务。全省新增保障性安居工程受益户数总量为51.5万户、142.5万人。截至2015年底，全省城镇保障性安居工程累计受益311.3万户、857.9万人。廉租住房已全面实现低保标准2.5倍以下住房困难家庭应保尽保，经济适用住房保障已经扩大到当地城镇居民人均可支配收入80%以下的城市住房困难家庭，部分地区公共租赁住房保障已经扩大到当地城镇居民人均可支配收入线以下的城市住房困难家庭。全省住房保障受益覆盖率达到23.5%，超额完成"十二五"时期末达到20%的目标任务。

这一时期中国经济步入发展新常态，带来四个方面的发展机遇："经济增速虽然放缓，实际增量依然可观"，"经济增长更趋平稳，增长动力更为多元"，"经济结构优化升级，发展前景更加稳定"，"政府大力简政放权，市场活力进一步释放"。虽然"十二五"时期浙江省住房保障工作取得了积极的成效，面对新的经济形势，除最低收入人群的住房问题，在经济发展中占相当比例的外来务工人员、本地灵活就业人员、每年的新增城镇就业人员其住房安居问题是社会稳定、经济发展的重要民生问题，其住房保障的渠道和筹资有待在制度创新与完善中进一步探索。

三 "十三五"时期浙江住房保障事业发展概况（2016—2020年）

"十三五"是全面建成更高水平小康社会最后冲刺的五年，在经济发展方面浙江省由高速增长向中高速增长转换，面临传统产业衰减而新兴产业不足的挑战；处于城镇化粗放型发展向内涵型发展的重要转折阶段，面临新型城镇化进程偏慢的挑战。在经济新常态下，城镇住房保障在稳增长、促发展方面的作用将日益显现。住房保障将从以保民生为主向保民生、稳定增长并重转变；在当地城镇户籍家庭住房困难问题基本得到解决的情况下，保障重点将向新就业职工、进城落户的农业转移人口和符合条件的外来务工人员转移；保障性安居工程的重点将进一步向包括旧住宅区、城镇危房、城中村在内的棚户区改造转移，住房保障将从以解决居民住房困难为主向解决居民住房困难与促进城市内涵升级并重转变。从这一时期开始，大规模建设保障房时代已经结束，住房保障方式从实物保障为主向以货币化保障为主转变；从政府直接供给向社会购买产品或服务转变。在保障方式上形成以公共租赁房为重点，以棚户区改造为主体的住房保障体系。

2016年，浙江省住房保障以棚户区改造为重点，新开工棚户区改造安置住房23.5万套，公共租赁住房24.2万套，新增低收入住房保障家庭租赁补贴7802户，全部超额完成年度目标任务。治理改造城镇危旧房1.57万幢，完成全年任务的132.4%。改造近2.1万户农村困难家庭危房，累计改造29.4万户，惠及农村困难群众约85万人。推进实施以棚户区改造为重点的保障性安居工程建设，不仅有助于住房保障在住房安全和居住环境方面的综合整治，还有利于扩大有效投资、拉动经济增长、促进新型城镇化建设。

此外，危旧房治理改造被列入省政府十大民生实事。2016年全省需要治理改造的城镇危旧房有近2万幢，农村疑似危房农户有近24万户。为此，浙江全省以县为单位开展拉网式排查，明确主体责任，特别是位于农村山边水边等地质灾害易发点和违建较多区域的房屋，以及农民自建多层房屋、年代久远房屋，要做到排查一户不漏。对存在重大安全隐患的房屋，必须无条件组织人员撤离，设立警戒标识。对排查中发现安全隐患的危房，一律不准出租经营、不得用作公共场所。在制度上明确管理部门、街道、业主等各方责任，完善危旧房日常巡查登记制度和应急处置机制，确保及时发现、及时妥善处置。

2017年新增分配公租房5.77万套、城镇住房保障租赁补贴家庭8776户；新开工棚户区改造18.99万套，基本建成棚户区改造和公共租赁住房22.79万套，完成农村困难家庭危房改造1.36万户，极大地保障和改善了城乡住房困难群众的居住条件。在住房安全保障方面，全年全省拆除违建2.7亿平方米、"三改"4.71亿平方米，整治"四边三化"重点点位2031个、第五立面整治1.74亿平方米，全省861个城中村改造全面推开，完成城中村拆迁31.84万户、7903万平方米，一年完成全省一半以上城中村拆迁改造任务，规模和速度都创历史最高。1191个小城镇全部完成规划编制和项目设计，完成473个小城镇整治任务验收，一年内就完成整治总数的40%。19717幢城镇危房治理任务全面完成，治理农村D级危房7.78万户、涉及公共安全的C级危房3512户、其他C级危房9.42万户，累计完成17.55万户。

2017年党的十九大提出要"建立健全城乡融合发展体制机制和政策体系"，在住房保障方面要"坚持房子是用来住的、不是用来炒的定位，加快建立多主体供给、多渠道保障、租购并举的住房制度，让全体人民住有所居"。为积极适应新常态发展趋势，利用有限资源在保障基本民生的前提下，助力经济优化发展，浙江省在住房保障方面改变一味新建的做法，积极开展租赁住房试点，通过市场收购、长期租赁等多渠道筹集保障性住房房源。

2018年住房租赁市场培育加快，杭州、温州、绍兴和义乌、嘉善住房租赁试点全面完成并推广，全省租赁住房供应量显著增加，住房租赁监管服务平台建成运行。住房保障力度前所未有，开工棚改安置住房40.6万套，为前两年总和，棚户区改造开工率139%，居全国第一；新增政府投资建设公租房分配1.91万套，分配率为所有政府投资公租房总数的97.8%，为历年最高；发放城镇住房保障家庭租赁补贴43451户，完成投资1642亿元，均创历史新高。危旧房治理改造扎实推进，全面完成第二次城镇危旧房大排查，治理改造农村C级危房12.2万户、困难家庭危房1.2万户，提前半年全面完成省政府下达的两年农村危房改造任务。全省全年共拆除违建2.05亿平方米、"三改"2.63亿平方米，其中城中村改造9287万平方米、旧住宅区改造1.25亿平方米，受益群众130.93万户；拆除违建涉及土地20.16万亩，"三改"涉及土地20.33万亩，拆后土地利用率达83.5%。小城镇环境综合整治成效显著，全省1191个小城镇已有1100个完成整治、完成投资1566.53亿元，分别占三年计划的92.3%和99.4%。

2019年全年棚户区改造新开工22.1万套、基本建成11.9万套，发放租赁补贴6.9万户，提前完成国家三年棚改攻坚计划，高质量推进棚改专项债券工作经验在全国推广。扎实开展政府购买公租房运营管理服务，在全国住房和城乡建设工作会议上作为唯一的省份代表进行经验交流。老旧小区改造全面展开。浙江省被列为全国城镇老旧小区改造试点省。全省共开工改造小区393个，涉及6231幢、1335万平方米，惠及居民14.6万户；既有住宅新加装电梯845台，竣工509台。危旧房治理改造应改尽改。全年完成所有6582幢、557万平方米城镇危房和11155户农村危房、7109户农村困难家庭危房治理改造。

2020年全年棚户区改造新开工22.2万套、建成11.95万套，提前完成国家三年棚改攻坚任务。完成农村危房治理改造1.83万户。基本满足城镇人均可支配收入线以下住房困难家庭、新就业无房职工、进城落户的农业转移人口和符合条件的外来务工人员住房保障需求。基本完成现状存在的集中成片城市棚户区改造。基本实现政府投资建设的公共租赁住房智能化、信息化、社区化管理全覆盖，基本形成公平善用、合理配置住房保障资源的机制。

按照《浙江省基本公共服务体系"十三五"规划》实施要求，浙江省包括住房保障在内的省"十三五"基本公共服务均等化实现度已提前全面达标，2020年城镇住房保障覆盖率达23.9%。"十三五"时期开工各类棚户区改造约116.9万套，提前完成国务院棚改新三年攻坚计划，全省共开工改造老旧小区约1015个，约惠及居民43.5万户。

第二节 浙江住房保障事业发展现状

2021年6月，正式印发的《中共中央 国务院关于支持浙江高质量发展建设共同富裕示范区的意见》中明确，共同富裕是社会主义的本质要求，是人民群众的共同期盼。浙江省在探索解决发展不平衡不充分问题方面取得了明显成效，具备开展共同富裕示范区建设的基础和优势。设立浙江省高质量发展建设共同富裕示范区以来，浙江出台了《浙江高质量发展建设共同富裕示范区实施方案（2021—2025年）》，将住房保障工作重点集中于"浙里安居"品牌的打造。其中包括三个方面的工作抓手，一是健全完善以公租房、保障性租赁住房和共有产权住房为主体的住房保障制度，在筹资上改革完善住房公积金政策机制，二是夯实城乡住房安全保障基础，三是完善房地产市场调控长效机制。

一 完善住房保障制度

迈入"十四五"时期，浙江住房保障事业发展体现出多元参与、共建共治共享的特点。在保基本层面，住房保障政策与社会救助政策相结合，持续为城乡最低收入人群通过公租房和危房改造提供基本住房。同时政策鼓励各类社会力量参与到住房建设队伍中，在以公租房为主要保障手段基础上，新增共有产权房和保障性租赁住房的住房保障举措。

（一）公租房

公租房属于国家基本公共服务范畴，在公租房、廉租房并轨后，公租房针对的是中低收入困难人群，在具体实施中是住房兜底保障的主要措施。在系统建设方面主要体现规范化管理和高效运营。据"十三五"时期末统计，公租房保障范围已覆盖当地城镇人均可支配收入线以下住房困难家庭，公租房保障具体有实物配租和货币补贴两种方式，累计受益住房困难家庭48万户、84万人。

迈入"十四五"时期，浙江省在公租房方面主要抓两件事，一是进一步全面推进全省在市（县）层面公租房保障的公共服务标准化，二是按照依法适度原则，推进申请家庭经济状况核对工作相对统一，尽可能减少程序、减少环节。主要通过数字化手段在全省范围内构建线上线下融合的数字治理体系，使全域的住房管理和服务水平明显提升。

这在资格确认方面效果尤为显著，通过积极推进城镇住房保障"最多跑一次"改革建立"掌上办""网上办"，公租房承租资格确认从90多个工作日压缩至40个工作日之内，温州、绍兴、衢州、金华等城市压缩至14个工作日内，全省已实现住房保障涉跑事项"最多跑一次"，部分事项实现了"跑零次"目标。例如，桐乡市作为浙江省公租房申请"一件事"数字化改革"揭榜挂帅"地区，于2021年11月在"浙里办"和桐乡市数字社会门户上线运行公租房申请"一件事"场景应用。"桐易居"微应用日均访问2037人次，为全市1600余户公租房在保家庭和广大住房困难家庭提供服务，发放租赁补贴约888万元。

又如，台州市黄岩区通过数据共享接口，将公安、民政、自然资源、人力社保等部门的13类数据打通，申请人只需一张身份证，就能实现"一站式"办事，申请材料被精简到1份，审核办结时间被压缩至5个工作日；变人工审核为数据审核也有助于促进资源分配的公平,该系统上线后,黄岩变"一年一审"为"实时响应",及时获取在保家庭的最新数据,根据申请家庭的实际情况自动生成并更新补贴金额,对不符合条件的及时预警,并进行动态清退,目前已清退 87 户。

通过共享省大救助信息系统的信息对申请政府公租房保障家庭进行经济状况核对,可以实现智能化审查,从科学技术的角度减少人为审核,标准化住房保障准入条件。此外,借助省大救助信息平台,可以获取 12 个部门 24 项经济状况信息,覆盖全省 73 家银行,实现所有核对数据一个接口、一组结果,所有家庭货币财产信息一目了然。随着大救助信息系统的不断完善,数据质量和数据共享水平也在不断提升。最终将实现"业务重梳、系统再造,提升全省住房保障统一管理系统,实现住房困难群众公租房申请一件事一站式线上集成办理"的公租房保障数字化改革目标。

(二)保障性租赁住房

保障性租赁住房主要解决新就业的大学生、创业的新市民、年轻人等的阶段性住房困难问题。早在 2017 年末国家层面就选取包括浙江杭州在内的 13 个城市开展集体土地建设租赁住房的试点工作。经过一段时间探索后,从 2021 年 6 月国务院办公厅发布《关于加快发展保障性租赁住房的意见》以来,包括集租房在内的保障性租赁住房建设在浙江全省有针对性地铺开。按照《关于加快发展保障性租赁住房的指导意见》要求,浙江省确定了杭州市区、宁波市区、瑞安市、义乌市等 37 个城市(流动人口占全省流动人口的 95% 以上)为发展保障性租赁住房的重点城市,其中 12 座人口净流入的大城市和 25 座其他重点发展城市。确定"十四五"时期,浙江目标筹集保障性租赁住房 120 万套(间),12 座人口净流入的大城市新增保障性租赁住房供应套数占新增住房供应套数的比例力争达到 30% 以上。预计"十四五"时期将发展筹集保障性租赁住房共 120 万套(间)。

保障性租赁住房政策在所有住房保障政策中是社会参与程度相对

较高的一种住房保障政策。在住房来源上，可以是存量住房也可以是新建住房，在供给主体上比较多样化，可以是社会组织、集体经济组织、国有企业，也可以是政府机构。保障性租赁住房的供给采取资格认证的方式，由住房所有者提出申请，由相关部门对住房的质量、价格等方面进行综合认证颁发保障性租赁住房认定证书。例如，《杭州市保障性租赁住房项目认定指导意见（试行）》中将保障性租赁住房项目认定分为新建、改建、转化三种。新建方式可以利用集体经营性建设用地建设保障性租赁住房；探索利用村级留用地建设保障性租赁住房；利用工业项目配套建设行政办公及生活服务设施的用地建设宿舍型保障性租赁住房。改建可选择闲置和低效利用的商业办公、旅馆、厂房、仓储、科研教育等非居住存量房屋，这些房屋可改建为宿舍型保障性租赁住房，不实施配套核查；商业办公、旅馆、科研教育等非居住存量房屋改建为保障性租赁住房的，原则上项目应独立成栋（幢）（商业配套除外）、可封闭管理、建筑面积不少于3000平方米且不少于50套（间）。转化类的可包括联合审查并验收通过的蓝领公寓，已竣工的人才专项租赁住房，现有权属清晰且可收储利用的住宅存量房源，验收通过的现有存量工业用地上企业自建职工宿舍或公寓，经市政府批准可转为保障性租赁住房的存量公租房、安置房，现有其他存量已建（改）租赁房。目前杭州发展保障性租赁住房成效明显，已入选2021年度全国发展保障性租赁住房工作激励城市，为创新开展保障性租赁住房工作提供了先进经验。杭州按照国务院"政府给政策、银行给支持"的要求，重点从水电费用、教育户籍、金融、资金支持4个方面完善保障性租赁住房配套政策，支持保障性租赁住房发展，形成"多主体投资、多渠道供给、多政策支持"的发展新局面，为全国发展保障性租赁住房工作提供"杭州样板"。截至2022年5月底，杭州市已累计认定保障性租赁住房项目92个、房源8.33万套（间）。

从全省情况来看，浙江省在保障性租赁住房整体制度设计上建立了

1+X+1（平台）的管理体系："1"指"1个意见"，即浙江省于2021年发布的《关于加快发展保障性租赁住房的指导意见》；"X"指围绕保障性租赁住房建设管理，包括制定出台《浙江省发展保障性租赁住房情况监测评价办法》《关于加快推进保障性租赁住房项目认定的通知》《中央财政保障性安居工程资金管理实施办法》《省级财政保障性安居工程资金管理办法》《保障性住房建设标准》等一系列配套制度、标准、规定；"1（平台）"指建立全省统一的保障性租赁住房管理服务平台，通过该平台，可以实现保障性租赁住房项目认定、计划申报、政策支持等场景运用。其住房管理服务系统重点围绕政府主管部门、项目企业、保障对象三方面需求，实现保障性租赁住房项目认定、建设、运营等全流程数字化管理。

浙江省把保障性租赁住房用地作为优先任务，通过单列用地计划，保障用地需求。通过安排供应增量、调整利用存量、就地盘活改建、提高强度配建等方式，多渠道保障用地需求，促进保障性租赁住房有效供给。按照"职住平衡"的原则，因地制宜安排保障性住房用地布局，在产业园区及周边、轨道交通站点附近以及城市建设重点片区统筹布局建设保障性住房。同时，允许符合条件的存量工业项目提高配套用地和建筑面积占比，提高部分用于建设宿舍型保障性租赁住房，有效盘活存量。

2021年底，通过"保障对象满意度""租赁市场稳定情况""房地产市场稳定情况"三个方面评价，调查结果显示，新市民、青年人等群体对本地区发展保障性租赁住房工作的满意度均在70%以上，租赁保障性租赁住房的新市民、青年人等群体满意度达到90%以上。通过发展保障性租赁住房，大部分城市2021年租赁市场租金价格变动幅度在5%之内，促进了本地区住房租赁市场稳定。根据城市自评数据，通过发展保障性租赁住房，大部分市县二手房住宅价格变动幅度在年初预估的涨幅指标值范围之内，新房住宅价格变动幅度基本在5%之内。

据《浙江日报》报道①，2022年上半年，浙江省已筹集建设保障性租赁住房31.9万套（间），提前完成30万套（间）的年度目标任务。保障性租赁住房主要有新建、改建和转化3种渠道，国家鼓励支持地方利用存量土地新建、存量房改建和市场房源转化。在31.9万套（间）保障性租赁住房中，新建类项目约14.6万套（间），转化和改建类约17.3万套（间）。分地区来看，杭州的筹建量最多，约为6.2万套（间），宁波和金华的筹集量均超过5万套（间），温州、嘉兴的筹集量超过4万套（间）。宁波、温州、金华和舟山的筹建量已超过年度计划。2022年浙江全省计划供应保障性租赁住房用地3768亩。目前，全省保障性租赁住房项目累计获得融资授信53个、贷款授信153亿元。

（三）共有产权房

共有产权住房的主要发展对象是有一定经济能力但无力购买商品住房的"夹心层"群体。浙江在省级层面积极鼓励杭州、宁波等有条件的大城市，率先因地制宜发展共有产权住房，突出制度先行，完善项目建设、人员准入和运营管理等政策规范，确保资源公平善用。同时，推进项目落地，加强评估监测，为发展共有产权住房提供实践经验。目前杭州、宁波两市已出台共有产权保障住房管理办法。截至2022年6月底，杭州市开工建设共有产权住房988套，宁波市开工1438套。

以杭州为例，杭州市于2021年11月出台了《杭州市共有产权保障住房管理办法》。其共有产权保障住房项目的建设充分考虑了杭州市人才、人口持续净流入的住房需求匹配，面向符合条件的市区户籍和稳定就业的非市区户籍家庭供应，符合申请条件即可申请，实行全民共享，解决有一定经济能力但无力购买商品住房的"夹心层"群体的住房保障问题。共有产权房建设中也充分考虑了购房家庭与

---

① 方臻子：《上半年筹建31.9万套浙江保障性租赁住房建设提速》，《浙江日报》2022年8月2日。

住房消费能力相适应问题，为居民减轻购房负担。购房家庭可根据支付能力，在50%—80%自主选择产权份额比例，同时可按规定申请住房公积金、商业银行资金等购房贷款。

此外，杭州市的共有产权房筹资方式多样，收益模式创新。采取划拨土地集中新建、出让土地集中新建以及既有房源转用多种筹集方式，建设中充分考虑了购房家庭的职住平衡，结合城市功能定位和产业布局进行项目选址，优先安排在交通便利、公共服务设施和市政基础设施等配套较为齐全的区域，也有利于促进产城融合。杭州市共有产权保障住房实行开放运行模式，可以增购及上市。购房家庭取得不动产权证满5年，可按市场评估价一次性增购政府份额；取得不动产权证满10年的，可将其共有产权保障住房份额上市交易，购房家庭按照其产权份额获得转让总价款的相应部分。通过创新共有产权，有效增强购房家庭获得财产性收入。

二 夯实城乡住房安全保障机制

城乡住房安全保障一直是较为重要的民生问题，在浙江住房保障全系统砥砺奋发、笃行实干的聚力推动下，浙江全省城乡风貌和居住品质比较十多年前已有大幅提高。但中国城乡人居环境问题是在历史发展中逐渐积累的问题，需要长期的关注与引导。现阶段仍有部分居民居住条件相对较差，需持续稳步推进棚户区改造。但这一时期的棚户区改造与之前的棚户区改造在政策目标、项目实施方式等方面都有很大不同。

《浙江省住房和城乡建设"十四五"规划》中对棚户区改造和旧城改造不再设立约束性指标，仅设立预期指标。预期到2025年全省城镇老旧小区改造3000个，全省城镇住房保障受益覆盖率预期达到25%左右，全省城镇人均住房面积预期达到49平方米。在"稳妥实施城镇棚户区改造"过程中，强调安置品质管理，通过搭建政企合作平台、实行项目代建等途径，鼓励实力雄厚、品牌优质、社会责任感强的企业参与棚户区改造，提升棚改安置品质。分类实施拆改结合的城市有机更新：对功能和空间均无保留价值的地区实施全面拆除重建；功能有保留价值的地区实施综合整治提升，采用局部拆除重建和微更新；功能无保留价值，空间有保留价值的地区实施功能植入，采取在原有城市空间中植入全新功能，不涉及拆建项目。在具体项目施工方面，浙江全省严格以《城镇棚户区改造基本公共服务导则（试行）》为指引，推进棚改项目由"重开工"向"重开工""重竣工""重交付"并重转变。通过数字化信息技术手段，实现对棚改项目从计划申报到竣工交付的全过程管理。

可以看到迈入"十四五"时期，城镇住房保障对于拆建工程更加谨慎，以多元参与的综合整治为主、拆除重建为辅。对建筑质量存在重大隐患、具备重大基础设施和公共设施建设需要以及保障性住房等公共利益需要的旧居住区，在政府主导下实施拆除重建，其他情形的旧住宅区通过政府引导、居民主体等形式开展旧住宅区改造。对于农村居住环境的治理也更注重高水平有机更新，预计在"十四五"时期，浙江省每年将选择1000个左右重点村，通过拆除重建、综合整治、微更新、功能植入等多样化的改造模式开展有机更新，系统带动普惠性、兜底性、基础性民生建设。到"十四五"末基本完成城镇集中成片棚户区改造。

此外，浙江在城市更新与棚户区改造中引入"未来社区"建设理念，对于提升住房品质、促进住房保障高质量发展起到了十分重要的作用。浙江正积极探索旧城改造与房地产市场健康发展相统一的未来社区建设模式，引导推动市场主体协同参与未来社区建设和运营。早在2019年浙江省"两会"上，"未来社区"就被写入浙江省政府工作报告中，随后浙江省迅速印发了《浙江省未来社区建设试点工作方案》，对未来社区的内涵、目标作出阐释，提出应聚焦人本化、生态化、数字化三大价值坐标，为居民提供邻里场景、教育场景、健康场景、创业场景、建筑场景、交通场景、低碳场景、服务场景、治理场景九大场景,并启动了未来社区建设试点申报。

浙江围绕未来社区建设,主要聚焦三个方面:首先,以人为本建设未来社区,考虑未来社区居民的具体诉求,特别是公共服务方面的诉求。其次,全域推动、联动实施。制定城镇社区建设专项规划导则,在全省90个县市区开展城镇社区专项规划编制,同步开展社区公共服务设施的专项调查。最后,注重数字技术在社区建设运营中的应用。利用互联网、物联网、大数据、云计算、人工智能等先进技术为社区赋能。依托智慧社区服务平台,打造现实与数字"孪生"社区,以新技术新业态新模式提升社区服务的精准化、精细化水平。建立了浙江未来社区在线应用,在此基础上增加"浙里未来社区"应用场景,增强居民的获得感、体验感。

三 建立房地产市场调控长效机制

浙江省在"十四五"时期坚持"房住不炒"的定位,必须构建多层次的住房体系,培育发展住房租赁市场对调节住房市场意义重大。以建立购租并举的住房制度为主要方向,鼓励住房租赁消费,促进住房租赁市场健康发展。

浙江省在"十四五"时期针对住房租赁市场的主要工作包括以下几点。其一,培育市场供应主体。充分发挥市场作用,发展住房租赁企业;鼓励房地产开发企业开展住房租赁业务;提高住房租赁中介服务质量和从业人员素质;支持和规范个人出租住房。其二,完善公共租赁住房。推进公租房货币化;提高公租房运营保障能力和覆盖范围。其三,采用多种方式增加租赁住房用地有效供应。鼓励新建租赁住房,增加人口净流入大的城市的租赁住房建设用地供应;鼓励地方政府盘活城区存量土地,探索利用集体建设用地建设租赁住房和企事业单位自有闲置土地建设职工租赁住房等模式;允许改建房屋用于租赁。其四,给予租赁住房税收、金融等方面的政策支持,使租购住房在享受公共服务上具有同等权利。其五,加强住房租赁监管。推动住房租赁立法,建立住房租赁监管长效机制;全面应用住房租赁监管平台,加强全流程信息化管理。

第三节 共同富裕实现过程中浙江住房保障面临的关键问题

一 人才住房保障问题

党的二十大报告在总结前十年成就时指出,中国现阶段"推进高质量发展还有许多卡点瓶颈,科技创新能力还不强……城乡区域发展和收入分配差距仍然较大;群众在就业、教育、医疗、托育、养老、住房等方面面临不少难题"[1]。报告同时明确,"高质量发展是全面建设社会主义现代化国家的首要任务"[2],"必须坚持科技是第一生产力、人才是第一资源、创新是第一动力"[3]。"就业是民生之本,社保是民生之需"[4],发展科技需要人才,留住人才需为其提供安居就业的稳定条件。

根据《2021年度浙江省人力资源和社会保障事业发展统计公报》,浙江省全省技能人才总量1097.4万人,高技能人才总量达354.4万人,占技能人才总量的32.3%,比上年提高0.6个百分点。2021年全省城镇新增就业人数122.4万人,引进的新青年人才数量已超过新增就业人口,是现在乃至未来很长一段时间实现科技创新、产业现代化、经济高质量发展的主力军。

---

[1] 习近平:《高举中国特色社会主义伟大旗帜 为全面建设社会主义现代化国家而团结奋斗——在中国共产党第二十次全国代表大会上的报告(2022年10月16日)》,人民出版社2022年版,第14页。

[2] 习近平:《高举中国特色社会主义伟大旗帜 为全面建设社会主义现代化国家而团结奋斗——在中国共产党第二十次全国代表大会上的报告(2022年10月16日)》,人民出版社2022年版,第28页。

[3] 习近平:《高举中国特色社会主义伟大旗帜 为全面建设社会主义现代化国家而团结奋斗——在中国共产党第二十次全国代表大会上的报告(2022年10月16日)》,人民出版社2022年版,第33页。

[4] 习近平:《之江新语》,浙江人民出版社2007年版,第241页。

浙江住房保障体系中为新就业青年人才提供的住房主要是保障性租赁住房和共有产权房。其中，保障性租赁住房预计在"十四五"时期筹集120万套（间）。从已投入运营的保障性租赁住房来看，在经营管理方面主要通过趸租或与用人单位、企业、高校定向租赁的方式提供房源，未加入单位体制和大中型企业的创业青年能获得的住房保障政策扶持有限。另外，共有产权房现仅有杭州和宁波两地通过设立试点开展实施，虽然已开展试点的城市将共有产权房覆盖到非本地户籍的新进人才，但试点总体覆盖面有限，需进一步扩大共有产权房区域，动员更多社会力量参与保障性租赁住房供给。

二 住房市场调节问题

浙江全省的住房保障覆盖率已超过23%，在全国都处于领先水平。在住房保障制度之外有超过70%的人口，其住房问题主要通过市场渠道获得解决。"十三五"时期，浙江省商品住宅销售面积超过3.9亿平方米，近400万户家庭通过购买商品房改善了居住条件。广义的住房保障不仅针对城镇生活的中低收入住房困难人员提供住房帮扶政策和措施，还关注住房供给市场部分的住房可负担性。浙江是城镇化程度相对高的省份，2020年浙江省常住人口城镇化率达71%，高于全国平均约10个百分点，常住人口增量连续3年全国第二，户籍人口城镇化率达53.5%。与很多城镇化水平较高的城市类似，人口聚集意味着住房刚需的增加，医疗、教育等公共服务配备越优质的区域，住房价格总体也相对较高。"房住不炒"，不仅是人民群众的呼声，也是房地产市场发展的必然要求。近几年，在"稳地价、稳房价、稳预期"的政策目标下，地方政府开始对"高房价"的直接原因之一"高地价"进行调控，以落实中央的方针与要求。2021年全国22个城市开始推行"集中供地"的土地供应政策，浙江省有杭州和宁波参加试点。

集中供地指的是地方政府在进行土地招拍挂时，将一年要出让的土地，分三个批次集中投放到市场。"集中供地、集中出让"可以避免由于信息不对称带来单宗土地出现超常规的竞拍价格。同时集中供地有利于政府发挥计划的引导和调控作用，在综合考虑土地供需和土地收储情况基础上，合理安排地块出让的规模、区域、结构和时序，统筹城市发展，引导市场理性竞争。在此基础上，杭州和宁波坚持土地入市的分类调控，最大限度地保障了住宅用地供应。

三 闲置宅基地和农房盘活利用问题

长久以来，农村的住房保障主要解决如何通过危房改造和乡村整治为农村群众营造宜居、安全人居环境的问题。随着城镇化水平的提高，越来越多的农民选择进城务工，大量农房闲置，农村的住房问题不仅仅是供给的问题，还存在有效利用的问题。宅基地和闲置农房作为农村人群重要的不动产，不仅担负重要的社会保障功能，还是农民增收的重要途径。

《浙江省农业农村现代化"十四五"规划》中明确要有序开展农村集体经营性建设用地入市，增进农民财产权益。宅基地不同于集体经营性建设用地，不能直接入市进行流通。只有在浙江少数试点的地区（绍兴市、德清县、龙港市、象山县、义乌市、江山市），在规划引导且农民自愿前提下，村集体才能依法把闲置宅基地和农房有偿收回，并结合集建地入市政策转变为集体经营性建设用地投入市场。为盘活闲置宅基地和农房，有效落实宅基地集体所有权，保障农户资格权和农民房屋财产权，促进农民增收，应在更大范围内推动宅基地和农民房屋使用权的改革，打通闲置宅基地和农房的盘活利用渠道。

第四节 以多元参与多渠道住房保障推动实现共同富裕

浙江省住房保障事业在历史的发展与积累中已探索出一条多元参

与多渠道住房保障的综合实施路径。早期是以经济适用房和廉租房为主要保障手段，在住房市场发展到一定阶段后转变为公租房和保障性租赁住房为主的保障模式，同时积极探索保障性住房与市场的有机结合方式衍生出共有产权房。在改革思路上，因地制宜根据实际情况适时调整、勇于创新，先是关注最需要住房的贫困人群，结合低保政策为城乡住房困难人员提供基本住房保障，在对贫困人员住房保障覆盖率达到相对较高水平，基本实现应保尽保的基础上，逐步改变住房保障方式，以货币补贴和住房租赁为主。在农村住房保障方面结合危房改造和棚户区改造，通过乡村整治对农村人居环境进行全面提升，对城中村和城乡接合部区域的住房安全保障进行全面整顿，城乡融合共同发展。在高度城镇化的同时，浙江城乡差距在全国最小，为推动实现共同富裕贡献浙江样板经验。

到2035年，在民生领域中国发展的总体目标是"人民生活更加幸福美好，居民人均可支配收入再上新台阶，中等收入群体比重明显提高，基本公共服务实现均等化，农村基本具备现代生活条件，社会保持长期稳定，人的全面发展、全体人民共同富裕取得更为明显的实质性进展"。在住房方面需"坚持房子是用来住的、不是用来炒的定位，加快建立多主体供给、多渠道保障、租购并举的住房制度"。为实现这一政策目标，从浙江已有政策发展的趋势来看，在已建立的多元参与多渠道住房保障的基础上，还将继续推进以下几个方面的改革。

第一，进一步调动市场积极性，多渠道筹集保障性住房。在保持一定公租房总量的基础上，未来住房保障的发展重点是保障性租赁住房和共有产权房。浙江省住建部门将引导人口净流入的大城市推进政策性租赁住房建设，有效增加政策性租赁住房供给，建立完善政策性租赁住房建设、准入、退出、运营管理等政策制度体系，充分调动社会力量参与解决住房困难群体的住房问题。浙江省计划在2025年之前建设筹集120万套（间）保障性租赁住房。其中，杭州市区、宁波市区、义乌市等12个人口净流入大城市，新增保障性租赁住房预计将占到新增住房供应量的30%以上。同时，浙江省将继续鼓励发展共有产权住房，在有条件的地区进一步扩大共有产权房的试点覆盖范围。通过共有产权房的供给让有一定经济能力但无法立即在市场中获得完整产权住房的"夹心层"人群通过努力阶梯式实现住房梦。共有产权房在市场与政策保障之间搭建了必要桥梁，进一步完善了租购并举的住房保障体系。

第二，深入推进住房市场调节政策，推动住房市场纵横两方向的结构优化。高房价一直是困扰想从市场购买住房的"夹心层"人群的问题，解决这一问题的关键不仅在于住房市场的调控，还需对商品房产业纵向延伸的上游土地要素市场进行调控。一方面是要加大闲置存量土地的利用效率，土地出让合同中要明确容积率、土地用途、开工时间、竣工时间及违约责任等。提高存量住宅用地利用效率，同时加快推进诚信体系建设。建立监督机制，加大企业对闲置土地处置力度，对长期闲置的土地征缴土地闲置费或无偿收回国有建设用地使用权。另一方面需进一步完善集中供地政策，完善土地出让多部门联合会商机制、土地价格形成机制和地价房价联动机制。对于部分房价上涨压力大的城市将有可能在参照同地段同品质商品住房价格，设立项目建成后住房价格上限。

住房租赁市场在住房产业体系中是与商品房出售市场平行的市场机制，对于很多无法立即购买住房的人群，租赁住房是主要的住房保障手段。但中国住房租赁市场发展相对滞后，浙江在未来的发展中将大力发展住房租赁市场。利用集体建设用地建设租赁住房试点以及中央财政支持住房租赁市场发展试点推进住房租赁市场发展。通过试点培育一批专业化、规模化、品牌化住房租赁企业，发挥行业示范引领作用。同时鼓励金融机构在风险可控、商业可持续前提下，加大对租赁住房项目贷款支持力度。拓宽直接融资渠道，支持符合条件的住房租赁企业发债融资。在加快建设租赁市场、规范住房租赁市场的政策引导下，有望设立住房租赁房地产投资信托基金（REITs），打通市场融资渠道，形成建设资金良性循环。

第三，以乡村整治为引导，稳步推进农村宅基地制度改革，盘活闲置宅基地和农房。农村闲置宅基地盘活利用的前提是"乡村让人们更向往"。美丽的村庄环境和乡村基本公共服务的完善对乡村发展至关重要。一直以来，农村人居环境提升都是浙江乡村整治的重点，这为未来建设全域覆盖、层级叠加的镇村生活圈体系奠定了扎实基础。即将出台的国土空间规划将为乡村规划的编制带来更为全面精准的指引，以规划为引导建设特色乡村，提升农村房屋面貌，将有利于农村闲置宅基地和农房的盘活利用，最终实现促农增收。

附录案例一：住房保障公共服务数字化

浙江是全国数字化改革的先行省，自2017年提出实施数字经济"1号工程"以来，浙江省不断加大数字产业化、产业数字化、治理数字化以及数据价值化改革力度，并取得了显著成效。《浙江省数字化改革总体方案》中提出，要到2025年基本建成全球数字变革高地。浙江于2021年3月出台了《关于推进全省住房城乡建设系统数字化改革的实施意见》（以下简称《意见》），利用数字技术实现住房保障的高质量发展，提出了未来五年住房和城乡建设系统推进数字化改革的蓝图。

"浙里安居"品牌建设是"十四五"时期浙江省着力打造民生"七优享"的金名片和推动实现全民共同富裕的重要举措。在正式印发《中共中央 国务院关于支持浙江高质量发展建设共同富裕示范区的意见》的背景下，作为人口净流入大省，浙江提出，从推动住房数字化改革等五个方面，打造"浙里安居"品牌的改革目标。为打造行业数字治理全国典范，全面推进数字化改革，实现住房和城乡建设领域治理体系和治理能力现代化。

浙江省围绕住房城乡建设系统数字化改革构建形成了"1+4"工作体系。其中"1"指的是1个住房城乡建设智治系统,"4"指"数字工程""数字住房""数字城建""数字城管"四大集成应用体系,应用建设取得阶段性成果。通过这一工作体系实现住房城乡建设的工程协同、住房宜居、运行安全、管理精细。(1)"数字工程"方面,围绕工程建设项目实施全生命周期,打造了"浙里工程"建设现场管控应用,实现工程建设的各方参建单位之间、政府和各方参建单位之间的协同联动。(2)"数字住房"方面,围绕城乡住房全生命周期管理谋划建设了3项重大应用:"浙里物业服务监管"应用实现了物业服务业的全量管理;"浙里农房全生命周期综合管理服务"应用建立了覆盖农村建房全生命周期的综合服务管理系统,已覆盖16个县(市、区)、66个乡镇、508个村;"浙里房屋征迁监管在线"应用实现了房屋征迁和房地产开发全流程监管工作的数字化,覆盖率达61.8%。(3)"数字城建"方面,浙里城市生命线及地下空间综合治理应用以数字化手段,实现了城市运行安全的精细化治理。(4)"数字城管"方面,通过打造浙里城事共治应用,实现城市管理更精细,围绕乱摆摊、乱占道、乱设置户外广告等城市突出问题的治理以及停车、公厕、公园、绿道等城市服务的提升。

目前,浙江省基本构建了线上线下融合、整体联动智治的数字治理体系。"整体智治、高效协同",有效提升住房管理与服务效能,精准识别不同群体的租购需求,确保住房分配走向更加公平合理,全域的住房管理和服务水平明显提升。

附录案例二:多元参与保障性租赁住房供给

浙江省近年来流动人口快速增长,导致新市民、青年人等群体住房的问题比较突出。过去10年间浙江省新增约1000万人口,以住房刚需人口为主,省内大中城市的住房供求关系紧张,住房结构性供给不平衡不充分。针对新青年的住房问题，2021年7月国务院办公厅出台了《关于加快发展保障性租赁住房的意见》，提出将加快发展保障性租赁住房作为实现"房住不炒"政策的重要措施。浙江省随后发布了《关于加快发展保障性租赁住房的指导意见》，进一步推进保障性租赁住房的建设实施。其保障对象主要是城区无房新市民、青年人，特别是从事基本公共服务的群体。主要利用集体经营性建设用地、企事业单位自有闲置土地、产业园区配套用地和存量闲置房屋建设。

保障性租赁住房实行多主体供给、多渠道保障，政府给予土地、财税、金融等政策支持，充分发挥市场机制作用，引导各类主体积极参与保障性租赁住房建设。财税政策上，主要包括中央补助资金支持和税费减免。金融政策上，一是支持银行业金融机构提供长期贷款，二是通过债券和保险资金拓宽长期资金来源。浙江省级层面上，财政支持方面，主要依靠中央补助资金支持，要求各地统筹从土地出让收益（10%以上）或土地出让收入总额（2%以上）中提取的保障性住房建设资金、从土地出让收入中提取的"腾笼换鸟"专项经费等有关各级各类资金，用于发展保障性租赁住房。金融政策方面，支持符合条件的保障性租赁住房建设运营企业在银行间债券市场发债融资，支持符合条件的保障性租赁住房项目申报基础设施领域不动产投资信托基金（REITs）试点。

保障性租赁住房有两大主要问题还需关注，一是目前保障性租赁住房的房源少，占比较低，根据"十四五"规划，各城市累计规划了五六百万套的保障性租赁住房，这与中国两亿到三亿的租房人口相比是远远不够的。二是投入大，资金回收周期长，融资困难。

中央和浙江各级地方政府针对保障性租赁住房项目从土地、财政、税费、金融等方面都出台了许多专项优惠政策，如中央和省级资金补助、税收优惠、执行民用水电气价格、基础设施领域不动产投资信托基金（REITs）等。相比其他租赁住房，保障性租赁住房的主要优势在于：（1）租金低于同地段同品质市场租赁住房租金，且房租稳定；(2) 多主体供给、多渠道保障，房源保障性更强；(3) 申请程序简单，不设门槛；(4) 公共配套服务设施健全。保障性租赁住房以及相关配套政策的发展在一定程度上可以缓解新市民的租房压力，形成一定规模后，也有利于规范当地二、三级房地产市场秩序。

浙江省《关于加快发展保障性租赁住房的指导意见》中提出保障性租赁住房的建设目标，在"十四五"时期，杭州等12个人口净流入的大城市新增保障性租赁住房供应套数占新增住房供应套数的比例力争达到30%以上。杭州作为浙江省人口最多的城市，目前发展保障性租赁住房成效明显，入选了2021年度全国发展保障性租赁住房工作激励城市。国务院办公厅发布《关于加快发展保障性租赁住房的意见》后，杭州积极响应，制定出台《杭州市关于加快发展保障性租赁住房实施方案》，明确保障性租赁住房筹集任务、渠道、户型、租金等具体内容。同时，在全国率先推出蓝领公寓、人才专项租赁住房，为创新开展保障性租赁住房工作提供了先进经验。并根据保障性租赁住房相关目标管理、项目认定、运营管理等一系列工作需求，创新建立三项工作机制，确保工作顺利开展。此外，根据国务院"政府给政策、银行给支持"的要求，重点从水电费用、教育户籍、金融、资金支持4个方面完善保障性租赁住房配套政策，支持保障性租赁住房发展。通过一系列举措，杭州高效推进了保障性租赁住房工作，形成"多主体投资、多渠道供给、多政策支持"的发展新局面，为全国发展保障性租赁住房工作提供"杭州样板"。截至2022年5月底，杭州市已累计认定保障性租赁住房项目92个，涉及房源8.33万套。

第七章 浙江"未来社区"治理实践
——数字赋能与党建引领

第一节 未来社区建设的重要意义

未来社区是浙江省共同富裕现代化的基本单元,是推进共同富裕先行和省域现代化先行过程中从宏观谋划到微观落地的重要抓手。未来社区建设对社会治理现代化和推进共同富裕都有重要意义。

一 未来社区是社会治理现代化的微观基础

社区治理是国家治理的基础之一,是国家治理体系和治理能力现代化的重要内涵和重要体现。推进社区治理现代化,就是尊重社会治理的客观规律,将社区作为完整的治理单位,实现微观层面的有效社会治理,为实现国家治理体系和治理能力现代化提供有力支撑。

社区处在人民群众和政府之间承上启下的特殊位置,既是上级政策的执行者,一定程度上又是政策制定者。传统的社会治理体系中,社区层面作为"执行者"的定位容易被放大,而在治理体系创新、力量整合调配等方面的主导性作用则发挥得不够。未来社区概念的正式提出,就是要把推进社会治理体系创新的重点下沉,突出社区在社会治理过程中作为"主导者"的角色定位。将社会治理的工作重点转移到社区上来,能够更为有效地应对发展过程中各类新型社会矛盾风险的挑战，从而真正落实以人民为中心的发展思想。构建街道—社区权责明晰、高效联动、上下贯通、运转灵活，党委、政府、社会、公众等多方主体合作共治的社会治理新体系，继而形成共建共治共享的社会治理格局。

二 未来社区是建设共同富裕示范区的基本单元，是基本公共服务体系的重要载体

社区是现代社会的基本构成要素，在一定范围内，社区就是社会。社区是居民面向美好生活、面向现代化、面向未来的窗口，是居民幸福感和归属感的来源之地，是推动共同富裕从宏观到微观落地的基本单元。同时，社区也是服务群众"最后一公里"的重要载体。在推进基本公共服务建设，特别是聚焦"一老一小"等重点群体需求的服务中，社区提供优质服务的能力，直接关系居民生活幸福指数。

建成全民共富的共同理想，首先要建好共同富裕的基本单元，把共同富裕的理念融入社区建设和治理中。浙江省将共同富裕的任务目标分解转化为建设示范未来社区，落实到人民生活的基本单元，让共同富裕的理念惠及每一名居民。同时，将未来社区凸显社区为民、便民、安民的功能，使社区成为一些基本公共服务的重要供给单位，大力推进基本公共服务优质供给和共享。

第二节 未来社区建设的总体规划

一 基本政策

2019年1月，浙江省政府工作报告中首次提出"未来社区"概念，旨在打造人本化、生态化、数字化的新型生活单元。同年浙江省政府先后印发《浙江省未来社区建设试点工作方案》《浙江省首批未来社区试点创建项目建议名单公示》《关于高质量加快推进未来社

区试点建设工作的意见》等一系列政策文件，围绕"未来社区"提出了"139"系统框架，即以人民美好生活向往为中心，以人本化、生态化、数字化为价值导向，以和睦共治、绿色集约、智慧共享为基本内涵，构建未来邻里、教育、健康、创业、建筑、交通、低碳、服务和治理九大场景。开展未来社区建设，是浙江省践行"八八战略"、奋力打造共同富裕"重要窗口"的内在要求，是构建以人为核心的城市现代化平台、满足人民对美好生活向往的重要举措。

浙江省建设未来社区的基本规划可以总结为以下几点。

第一，坚持有为政府与有效市场并重，充分调动市场主体的积极性，共谋共商共建未来社区。

浙江省未来社区建设强调市场化有力、有效地推动，引导企业积极参与。省政府举办了央企、名企携手共建未来社区活动，共有中国建筑、阿里巴巴等9家央企、60多家名企参加，共签建设合作协议53个，涵盖建设实施、场景落地、融资授信等多个方面。为进一步加强产业和智力支撑，成立了由阿里巴巴牵头、300多家企业组成的未来社区产业联盟。省发展规划研究院牵头成立由25家大专院校组成的未来社区发展研究中心，并实现实体化运作，以市场方式集聚各方力量。目前，产业联盟已建立"九大场景"企业库和场景解决方案供应库；发展研究中心深度参与政策制定、标准迭代、试点遴选等工作，有力地推动了试点建设。

第二，牢牢把握未来社区和未来乡村的家园属性、民生属性。

在未来社区的建设中，充分尊重民意，利用传统媒体、互联网、调查问卷等方式，广泛征求群众、企业和基层意见，问计于民、集思广益。在民意基础上，充分发挥政府的调节功能，加大再分配政策的调节力度和精准性，集中更多财力用于保障和改善民生，将政府服务职能延伸至社区服务中心，打通政府提供服务"最后一公里"，方便老百姓不出社区就能办理各类事项。

第三，因地制宜，以试点为依托，有序推进。

浙江省落实未来社区建设试点方案，按照"谋划一批、储备一批、成熟一批、启动一批"思路，已先后确定两批共60个试点项目，预计直接受益居民63.8万人。许多试点已经结合地方实际，围绕加强基层议事协商、提升基层数字化治理、推动"五社联动"等主题，积极开展了特色治理实践，形成了一批可复制可推广的经验做法。这些地方性探索实践，将从多个角度和层面为形成共同富裕示范社区治理模式提供有益的经验和启示。例如，杭州市萧山瓜沥社区通过TOD（公共交通导向）复合交通系统，将工作、居住、商业、文化等功能整合于一体；宁波市通山社区依托全国首个"国家引进国外智力示范区"，谋划建设国际化青年创新创业社区；丽水市明晰了实施土地带方案出让的路径，制定与实施了履约监管协议。

第四，要在全省域推进未来社区建设。

未来社区是共同富裕主旨下人民群众共建共享现代化生活的美好家园，是中国式现代建设的重要举措。浙江省提出要在试点的带动下，系统性解决思想认识、场景落地、运营模式等未来社区建设中的问题。最终，要在共同富裕示范区内，全面推动未来社区的建设。实施未来社区"三化九场景"推进行动，推进公共服务优质共享，实现社区整体智治。全力打造绿色低碳智慧的"有机生命体"、宜居宜业宜游的"生活共同体"、共建共治共享的"社会综合体"。努力使未来社区成为共同富裕示范区建设的标志性工程。同时，以未来社区理念实施城市更新改造行动，推动城镇老旧小区改造，打造多功能、复合型、亲民化社区精致生活场景。

二 两个重点——数字治理与党建引领

浙江省共同富裕示范区未来社区的探索中，有两条核心理念。一是数字赋能助力优质公共服务均衡共享。二是在党建引领下，构建政府权责清晰、发挥市场作用、支持社会力量参与、调动群众自我服务积极性为特征的公共服务治理新机制。

一方面，要经由未来社区建设，大力促进数字转型。将未来社区作为数字经济"一号工程"创新落地单元，优先推动第五代移动通信技术（5G）应用。落实未来社区实体建设和数字建设孪生理念，加快推广应用社区信息模型（CIM）平台，集成数字化规划、设计、征迁、施工管理，提升试点项目建设质量和效率。加快建设应用社区智慧服务平台，探索社区居民依托平台集体选择有关配套服务，探索"时间银行"养老模式，推广"平台+管家"物业服务模式，鼓励共享停车模式，推进社区智慧安防建设。在保证数据安全、做好风险管控前提下，大力推进未来社区数字标准化工作，所有场景应用的数据基于省公共数据平台通过社区数字化操作系统共享。

另一方面，构建党建引领的科学高效社区治理架构，优化社区治理模式。积极培育发展社区社会组织，以社区有场地、公益出服务模式，动员专业化公益组织等社会力量参与社区治理，提供登记注册、业务申请和项目推进等服务便利，鼓励建立"一平台、一窗、一人"的全科社区工作者服务模式。推行居民互助自治，建立积分换服务、服务换积分机制，鼓励通过社区基金会等公益性组织，对社区居民自治和公益性活动予以支持。

浙江省未来社区建设的核心是"数""治"结合，本章在第三节介绍浙江未来社区数字赋能的"智理"实践，以及党建引领、社会协同、居民参与的"治理"实践。

第三节　数字治理

一　基本理念

党的十九届四中全会提出"完善党委领导、政府负责、民主协商、社会协同、公众参与、法治保障、科技支撑的社会治理体系"，将科技支撑列为社会治理体系的重要内容和基本理念，并明确"加快推进市域社会治理现代化"。党的十九届五中全会审议通过《中共中央关于制定国民经济和社会发展第十四个五年规划和二〇三五年远景目标的建议》，指出"加强和创新市域社会治理，推进市域社会治理现代化"。《中华人民共和国国民经济和社会发展第十四个五年规划和2035年远景目标纲要》明确提出，适应数字技术全面融入社会交往和日常生活新趋势，促进公共服务和社会运行方式创新，构筑全民畅享的数字生活，将数字技术广泛应用于政府管理服务，推动政府治理流程再造和模式优化，不断提高决策科学性和服务效率。随着数字技术在社会治理领域的应用不断深化，数字技术在驱动机制创新、流程再造、结构重塑，促进社会治理更加高效化和灵活化等方面发挥了重要作用。

数字技术为浙江省未来社区建设引入了新范式、创造了新工具、构建了新模式，提供了新的实践路径选择。

第一，作为推进治理现代化的重要方式，大数据、人工智能等数字化手段在提高统筹谋划能力、创新引领能力、群众工作能力、破解难题能力、依法打击能力等方面具有独特优势，有助于有效提升治理效率、拓展治理半径、推动治理扁平化，满足现代社会治理体系建设的核心需求。

第二，数字技术在一定程度上有助于重塑政府、社会和市场主体之间的关系，增强多元主体参与社会治理的能力和意愿，推动形成社会治理共同体。浙江省未来社区建设中，通过线上建立平台，线下重塑机制、流程，逐步实现统一指挥、综合治理。通过加强数字社会治理，完善数据共享机制，构建一体化数据平台，让多元治理主体可以实现跨层级、跨地域、跨部门、跨业务协同管理和服务，助力共建共治共享的社会治理格局的形成。

第三，推动数字技术与社会治理深度融合，大力推动了创新发展。未来社区将现代智能技术与传统的社会治理方式相融合，实现治理理念与治理手段的创新。各个未来社区相继开展应用微创新，全力提升对社会治理复杂系统运行的感知能力、风险防控的决策能力、资源与服务共享的平台能力，努力实现高效的社会治理。实现了把智治作为社区治理现代化的重要治理方式和科技支撑。在加强技术创新和制度创新的同时，也推进了社区治理体系架构、运行机制、工作流程智能化再造，推进现代科技与市域社会治理深度融合。

二　浙江实践

数字赋能社区治理和服务等方面，全国各地方都开展了不少探索。例如，通过智能手机 App 开发智慧养老场景，通过智能门磁、智能手环、防跌倒设备的数据反馈，及时了解老年人居家安全状况，还可提供"云点餐"服务。

浙江省数字化驱动未来社区建设中，进一步强调以数字赋能为动力，提供现代化的生命周期服务，驱动生产方式、生活方式和治理方式的变革，群众需求、企业供给和社会服务走向更加精细化、精准化和可数字化。坚持以人民为中心，紧扣基层所急、实战所需、群众所盼，增强数据服务功能，拓展数据应用场景，实现智治效能提升。满足人民群众对美好生活的向往是数字赋能市域社会治理现代化的出发点和落脚点，数字社会治理必须重视应用和服务，通过破解企业和群众反映强烈的办事难、办事慢、办事繁问题，让数字社会治理成果更多更公平惠及大众。具体而言，在调研中我们发现浙江省未来社区的数字化建设有以下可推广的经验和启示。

第一，不断深化数字技术在日常生活中的应用。

未来社区试点大多已经实现居民"刷脸"回家，到访人、车相关信息的"云"端监控和数据存储。社区便民站中普及自助诊疗仪器、智能洗衣柜、智能回收站等设备。社区网络交互平台的建设，以数字化分享居民日常生活场景，重铸有市井味、人情味、烟火味的人际关系。

通过数字领跑，智慧创建，数字技术在未来社区嵌入了更多居民高频应用。在杭州市余杭区葛巷社区中，线下建成 238 平方米的 24

小时图书馆，通过增设人脸识别等技术，实现无感通行，线上整合余杭区图书馆资源，新增10万册电子书、981小时学习视频，构建"云上文化家园"。杭州市余杭区良渚文化村社区，高度重视"一老一小"居民需求，在15分钟生活圈内配置了高品质养老公寓、日间照料养老中心、居家养老上门服务等多样化阶梯式养老服务，同时提供老年食堂、云药房等生活康养资源，周边区域居民通过未来社区智慧平台在线使用社区养老资源，实现老年人"老有所养"。杭州市红梅社区，汇集各级数据，精准抓取居民生日、健康状态、可享受政策等数据字段，将信息通过手机实时推送给片区社工，及时开展服务，实现服务群体"一个都不少"，精准落实高龄补贴，办理60周岁以上老年优待证。

第二，强调政务平台的建设，提高便民效率。

结合"最多跑一次"改革和政府数字化转型，养老、医疗保险、社会保障等71项高频服务事项都可以通过手机App系统实现网上审批和盖章，提升了"指尖上"的服务效率。"浙里办"大量应用项目，让居民体验未来数智便捷生活。社区内配置医保零星报销自助机和24小时综合服务一体机，实现医保自助受理。未来社区通过数智化手段，进一步深化为"就近办、自助办、网上办"服务新体验。积极推动多部门联席联办，打通人、房、企、事、物等统一地址信息数据，如通过"数字门牌"实现办理居住证"跑零次"。

第三，通过数字化方式，提供社区居民集体选择有关配套服务。

"平台+管家"物业服务模式，费用收取遵循"基本物业服务免费，增值服务收费"的原则。共享停车模式解决停车难、出行不便的问题，并能够减少停车位，为社区腾出大量可利用的公共空间。杭州上城区红梅社区就开通"一码报"意见征求场景。将"一码报"二维码设置在小区大门、楼道等点位，居民可扫码提交社区治理意见建议，收集未来社区建设意见建议涉及加装电梯，安装体感测温、智能充电桩、智能门禁、智能烟感等智慧设施。征集群众对孤寡、独居老人照顾的"金点子",为孤寡老人安装智能水表仪,及时掌握老人居家情况,让老旧小区更新成处处智慧便捷的未来社区。

第四,推进未来社区数字标准化工作,提升整体智治水平。

在保证数据安全、做好风险管控前提下,各个未来社区都建设了信息数据平台,大量场景应用的数据基于省公共数据平台通过社区数字化操作系统共享。通过智慧服务平台,深化"组团联社、两委联格、党员联户"三联工作,以数字化手段实时掌握未来社区服务深度。

杭州市葛巷社区创新设立数据仓,归集社区智慧服务平台、治理应用平台等数据,与城市大脑、基层治理四平台、卫健信息系统等平台实现数据互联互通、应用有机融合,为未来社区安装"智慧"大脑。社区内党员、"两代表一委员"人员信息的整合成为社区打造共建共治共享"现代社区"的关键钥匙。同时,通过手机服务端,形成"楼道需求摸排—数据精准对接—服务按需推送—线上满意度测评"的工作和服务闭环。

第五,数字经济的发展在助力公共服务高质量发展的同时也成为浙江经济发展的新增长点,成为浙江现代经济体系的重要组成部分。

在浙江打造未来社区的过程中,涌现出大批龙头企业。阿里云推出了ET城市大脑的智能城市解决方案,已成功在杭州、上海、雄安等城市落地;网易云在智慧教育和智慧医疗领域已形成场景化的解决方案;海康威视和浙江大华两家企业占据全国安防领域近百分之六十的市场;新华三集团推出"数字大脑计划",在智慧校园、智能家居等领域成为行业领军者。许多传统企业也纷纷踏足数字经济,比如吉利汽车在智慧出行、绿城在智慧物业领域都有迅猛的发展势头。而未来社区所设想的场景将这些领域全部容纳其中,不仅如此,绿色建筑、新能源汽车、光伏发电等各色新兴产业也被整合进来。

第四节 党建引领的多方共建

一 党建引领的重要意义

浙江在未来社区的建设中，坚持以党建引领为核心、五社联动为基础、专业化运营为驱动的协同共建治理模式。党建引领在未来社区建设中具有重要意义。

第一，党是领导核心。

在中国完善共建共治共享社会治理制度的改革进程中，党建引领已成为推动多方主体协同共治和提升基层治理体系整体治理能力的重要制度安排。在经济社会发展中坚持党建引领，健全领导机制，增强治理本领，加强干部队伍建设，发挥骨干带头作用，是浙江共同富裕建设中的重要组织保障。坚持党的全面领导，发挥党的集中统一领导优势，是实现全体人民共同富裕的根本保证。党的基层组织是党在社会基层组织中的战斗堡垒，是党的全部工作和战斗力的基础，坚持高质量发展建设共同富裕示范区，是实现全体人民共同富裕的必由之路。

第二，必须坚持党管数据。

未来社区建设的核心之一是数字化治理。"党管数据"是确保大数据发展应用始终沿着正确政治方向和道路前进的决定因素。只有发挥党委组织领导和统筹谋划作用，通过顶层设计，完善基础设施和数据资源体系，实现数据的整合、共享和应用，才能为智治支撑社会治理现代化提供基础。维护数据安全，让数据更好地服务国家治理和社会民生，必须毫不动摇坚持"党管数据"。只有不断提升党员干部数字素养和数字治理能力，才能更好地应对大数据时代的新任务新挑战。

二 行政体系改革

党建引领改变了基层行政管理体系的治理模式，在三个方面推动了未来社区的建设。

第一，党建引领突破了"条块"的禁锢，促进了部门协作。

大量基础公共服务的供给，往往需要多个部门，如民政、公安、人社等的商议和协作。在"条条块块"的传统模式下，街道作为行政体系的"毛细血管"，往往很被动，许多改革措施由于缺少协调，无法落地。在调研中我们发现，浙江省在实践中，广泛采用将"条条"部门负责人纳入街道党工委兼职委员的做法。由此，街道党工委借由党的领导，就可以请"条条"部门多为"块块"考虑一下，许多创新式的、突破性的便民政策得以实施。

第二，党建引领为政企合作提供了保障。

构建政企合作、大运营服务商提供市场化服务的框架体系，能够减少政府财政资金直接投入，提高项目运营单位的自我造血能力，推动实现社区运营资金自平衡、运维可持续。政企合作，是推动社区治理现代化的重要助力。政府作为"裁判员"的公正性是决定政企携手扎实推进未来社区建设的关键。浙江省深入贯彻落实党中央关于全面从严治党各项决策部署，扎实推进清廉浙江建设。在党的作风引领下，企业、运营商等"运动员"越来越放心，越来越规范地以多元化的形式参与到未来社区建设中，真正实现了财政压力减轻、社区基层工作减负。例如，杭州市余杭区翡翠社区就由政府牵头提供社区用房2400平方米，房产企业提供闲置用房2700平方米，引进7家单位，落地运营13个子空间，形成企业助力政府创建、政府扶持优质企业的双赢格局，探索出了一条未来社区"自造血、自运转"的路径。其关键之处在于，企业在市场化服务供给过程中，对权责清晰、长效运营有着坚实的信心。而这一信心正是源自党建引领的清廉浙江建设。

第三，党建引领使一批高素质专业化干部队伍下沉到基层。

高素质、专业化的干部队伍建设，是发展建设未来社区的重中之重。通过强化基层治理的党建引领，使广大基层党员干部坚定理想信念、坚守初心使命,巩固和发展了党群关系、干群关系。在党建过程中,各未来社区通过本社区"找"、社区间"调"、请上级机关"派"等方式,把一批思想政治素质高、道德品行好、改革创新意识强、懂党建善管理的人才吸纳进社区两委班子。同时,选派了一批基层干部到上级部门学习,让他们在参与重点工作中丰富经验、提升本领。基层人才、干部的政治素质、业务水平大幅提升。

三 基层治理现代化实践

浙江共同富裕示范区以党建引领为核心、五社联动为基础、多元主体共建共享共治的未来社区治理模式,表现为以下几点。

第一,充分整合社区现有运营资源。

注重发挥党建网络的资源互补优势,不再单纯依靠行政资源作为吸纳单位和各类组织的方式。未来社区的党组织在开展党建引领工作时,更注重对自身深层组织资源的挖掘,充分发挥党建组织网络可以将大量类型不一、相互依赖的组织集聚起来的优势,促进组织间的资源共享和机会共享。通过整合政府侧、社区侧、小区经营性用房及物业管理用房等空间投入未来社区建设,社工站、党群服务中心、便民活动中心都得以顺利建成。

社工站的建设是一个典型运营资源高效整合的案例。场所是建设社工站的首个难题。浙江首批建设的近400个社工站,大多采用了整合思路,整合对象包括党群服务中心、社区服务中心、幸福邻里中心、社区社会工作室等。整合之后,就是在这些场所中进行社会工作功能改造和叠加。运营资金同样采用整合思路,除财政资金、福彩公益金外,浙江还充分利用慈善资源。如宁波市将甬尚慈善社工服务中心作为市级资源中枢,慈善基地一同支持社工站开展精准服务项目。宁波市鄞州区创建了社区发展基金会,并在6个社工站试点镇街设立社区发展专项基金,推进社会工作与公益慈善互利共赢。

通过资源整合,未来社区的党群服务中心都得以有足够的空间,能够秉承着开放、共享、通用的原则,将传统"办公柜台"改为配备茶水机、微波炉的服务台、交流台。社区居民可以在服务中心看书、喝茶,享受这里舒适、温馨、充满文化体验的"会客厅式"环境,也能够和社区工作人员随意交流,提出自己对于社区建设的看法。

一些社区因地制宜,在社区党委的牵引下,盘活资源,建设了文化礼堂、共享书房等服务项目。杭州市红梅社区就积极与市城建发展集团有限公司开展党建共建,盘活三区20幢房屋资源,新建一座5层4300平方米的"一站式"社区邻里服务综合体,科学布置文化礼堂、社区客厅、社区电影院、共享书房等十大功能区。通过党建联盟资源招引和智力支撑,改建两层800余平方米的红梅学堂,用作社区0—3岁幼托服务和青少年成长驿站,大力营造承载涵盖文化领域、社区服务、老年康养、商业便民的未来邻里场景。

第二,强化多元参与,走向契约共建。

社区党委的工作重心不再停留于体制内"条块"部门间的协同,而是拓展到推动区域社会内不同单位、组织和群体参与共治。社区通过融入党建元素,以"大党委"制为基石,将区域内关系互不隶属、领域多元多样的机关部门、学校、卫生院、企业、社会组织等单位纳入联盟体系,构建党建引领下,区域统筹、资源整合、优势互补、共建共治的网格共同体,推动基层治理从"单兵作战"向"契约共建"转变。为打造共建共治共享的治理格局奠定了良好的基础。

最典型的就是社区党组织、楼委会、物业公司三方协同,引入专业化物业管理,全面完成细化到楼道的微网格,织就"三方办—小区—楼道"树状组织网络,成为治理和服务的有力抓手。居民、企业、职工都有自己的代表和渠道发出声音,凝聚共识,既满足了人民生活的实际需求,也助力企业稳步增长。通过融合社区、共建单位、社会组织、物业、业委会、群团,一些未来社区建立了社区基金会，并鼓励不同治理主体依托党建引领共治制度自下而上提出公共议题，在社区基金会支持下形成共治项目。

绍兴市南丰社区就以党建为载体，集合颐和社工、西花斋等近30家社工组织、企业，组建党建联盟，延伸文化娱乐、医疗照护、生活服务、心理关爱等公共服务，协同打造"五分钟"未来民生综合体，为居民提供家门口便民服务。例如，社区卫生服务中心与夕阳红社区组织合作，打造了"医养护"一体居家养老服务链，为老年居民提供助医、助洁、助安、助餐等"十助"服务。

杭州市上城区融合建设"尚小驿服务驿站"，为快递、外卖小哥提供歇脚休憩、优惠就餐、法律援助、心理疏导、技能培训等十大暖心服务，让其在就业地感受到党组织的关爱。同时，组建"小哥联盟"，招募队员开展关爱孤寡老人、社区清洁日等"微公益"活动，引导新就业群体积极参与社区隐患排查、居民服务、社区治理，成为未来社区治理的"一线探头"。

第三，通过党建磁场，引导居民参与社区治理。

通过党建引领提升未来社区凝聚力和组织力，是带动居民共享共治的有效途径。

一是引导群众积极参与到社区志愿服务中。未来社区普遍落实"街道—社区—小区—楼道"四个层级的组织体系，通过成立小区党支部、楼道党小组，充分发挥在册、在职、在地党员"包楼联户"作用，做优做小基本治理单元体。未来社区大力创新和做实积分兑换体系，将居民个人的志愿服务积分在社区进行发布，重点评价在册、在职党员在学习、业绩、守法、诚信及服务奉献等方面的情况，将党建工作与治理实效捆绑在一起。一方面有效动员了志愿者参与社区建设，另一方面居民可在社区联盟单位内享受兑换服务和折扣优惠，形成了需求互补、服务互助、情感互融的未来治理新格局。

绍兴市越都社区构建了"特色党小组—志愿服务队"的新型组织架构，招募社区联盟党委、红色物管等单位的在职党员、志愿者等成员加入。通过党建带群建促社建，挖掘骨干力量，成立太极社团、书画社团、摄影社团、茶艺社团等社群组织，满足群众的精神文化需求。嘉兴市南苑社区则通过"社—校—民"的多元合作机制、"社群运营+积分银行"以及"全龄幸福学堂"，以"人人奉献、人人享受"的邻里积分系统，激发居民公益参与和睦邻互助内驱力，打造"15分钟幸福生活圈"。

二是强化民主协商，提升社区治理和谐度。未来社区广泛采取小区党支部领导下的"合议评议团"民主协商模式，组织动员专业力量与群众力量一同融入小区治理中，切实有效化解矛盾、推进工作。数字化模块基本实现了协商议事、民主决策的线上执行，大大提高了民主协商的覆盖面。同时，将协商议事放到楼道单元体内，推动民主协商重心下沉，努力做到问题解决不出小区、小事不出楼道，化解各类矛盾。

杭州市江干区积极探索建立党建引领公约自治体系，实现社区党组织、小区党支部、居民代表、小区物业和业委会参与的"邻里坊"居民自治公约体系建设，推动实现居民议、居民管、居民评的良好局面。通过问卷摸排、居民共商，有效破解垃圾投放点减点并桶、电瓶车充电桩选点、幢间道路拓宽、安装加装电梯、停车位增容等人民群众切实关心的生活问题。

第四，切实保证社区资源落实到普通民众生活上。

传统的社区治理模式，社会组织参与社区治理的资源主要依赖政府购买社会服务的资金，多通过项目制的方式进行。社区与社会组织之间并未建立平等协商、互助合作的主体关系。社会组织的需求评估往往基于政府（社区）需求的导向，或者访谈社区精英了解情况，导致服务项目与群众的需求不相匹配，出现了社区资源注入增多，但是社区组织活动开放性不足，无法吸引普通民众，导致民众获得感低的现象。党建引领的未来社区治理从两条路径保障了社区资源能够切实地注入普通居民的日常生活中。

一是直接为特定群体提供专业化的社会服务，比如开展针对失独老人、空巢老人、贫困家庭等弱势群体的特殊服务，其中社会工作服务站是最重要的载体。未来社区的社工站，通过统一整合社会救助、未成年人保护、慈善、养老等民政服务资源，打造一批具有民政辨识度的服务窗口和平台。同时，建立"项目清单"和"服务清单"制度。"项目清单"列出的是需求，包括社工发现的居民需求和政府主动购买的服务项目；"服务清单"列出的是供给，包括社工站有能力承接的服务和其他社会组织的服务。社工站通过链接两个清单，精准解决需求和供给的问题。

二是指向社区民众，通过培育内生的社区型社会组织满足社区居民的闲暇娱乐需求，并带动部分居民参与公益服务。在党建引领模式下，党小组组长往往兼任楼门长、居民代表、社区志愿者等，其自身既是社会组织的骨干也是社区的积极分子。在社区两委的引领下，社区民众的民意不再是沉默对象，普通民众的基本公共服务需求更易进入社区的视野，把通过社会组织孵化和培育内生于社区的社会组织打造为社区治理的亮点。同时，社区积极分子、社区型社会组织的骨干在党建引领下，能够充分发挥二次带动作用，挖掘与培育更多社区积极分子，带动更多普通居民参与社区治理。社会组织拥有了最广泛的群众基础，得以长久扎根于社区。例如，杭州市的东新园小区设立6个小区党组织、15个楼道党支部，有12个合唱队、民乐团等群众性社团，每年举办上百场活动，构建了融洽的新型现代化基本单元。

第五节　结论

浙江省在共同富裕示范区的建设中，以"未来社区"为基本治理单位充分发挥社区层面的主导作用，在社区范围内统筹谋划和实施社会治理。"未来社区"建设就是要按照中央关于社会治理现代化的总体要求，以社区为主要治理载体，以治理理念现代化、治理体系现代化、治理能力现代化为重点内容，加快提升社会治理的社会化、智能化、专业化水平的发展过程。通过充分发挥各级党委的领导核心作用，在社区范围内形成有效整合社会各方资源、动员社会各方力量参与的共建共治共享的社会治理格局。将大数据、云计算、人工智能等现代智慧技术融入治理全过程，打造出集约高效、精确精细的市域社会治理体系。在社区范围内建成一个社会治理专业人才发展体系，能够培养和储备一支高素质的专业化干部队伍和社会治理各类人才队伍。

江浙省以党建引领为核心、五社联动为基础、数字创新为驱动，大力推进未来社区的建设，在推进基本公共服务均等化、共同富裕、社会治理现代化方面都有借鉴意义。

第一，充分发挥基层党组织的领导核心作用，依靠党的政治优势和组织优势，以党建促治理，充分发挥基层党组织在基层社会治理体系中的核心作用。一是围绕社区中心党委、社区党组织、共建单位党组织，充分发挥党的组织协调优势。吸引央企、国资、部委相关资源投入社区建设中，实现共赢互惠。二是坚持党组织的全域覆盖，社区党总支、小区党支部、楼道党小组构成了覆盖社区治理各领域的坚强组织网格。三是把政治素质、协调能力、服务水平、作风品行过硬的优秀人才选到社区党组织书记岗位，以带头人凝聚党员、"两代表一委员"、群众积极参与到社区治理的工作中。

第二，以政府有为确保市场有效，充分调动市场主体的积极性，共谋共商共建未来社区，把提供公共服务可持续性作为主攻方向。由政府部门牵头、引导城里的未来社区产业联盟、未来社区发展研究中心，集聚了企业、研究院所等各方力量，广泛参与到解决方案供应库、政策制定、标准迭代、试点遴选等工作中，有力地推动了试点建设。

第三，大力推动专业化社区工作者、社会组织参与社区治理。浙江省目前有近20万名城乡社区工作者参与到社区治理工作中。未来社区的试点为登记注册、业务申请和项目推进等服务提供便利,构建区、街道、社区三级联动的组织孵化平台,积极培育发展社区社会组织。以社区有场地、公益出服务的模式,与动员志愿者、专业化公益组织协同共建未来社区。

第四,群众自治机制建设进一步深化。始终坚持把居民满意度、获得感和方便宜居作为未来社区建设的评价指标。以数字化平台为契机,拓展公众建言献策渠道,把社会期盼和群众智慧吸收到建设方案中。推行居民互助自治,建立积分换服务、服务换积分机制,探索"时间银行"等居民互助模式。鼓励通过社区基金会等公益性组织,对社区居民自治和公益性活动予以支持。

第五,坚持"数字赋能、整体智治、高效协同",形成数字社会基本功能单元系统,打造社区数字生活新空间。把数字技术的应用广泛聚焦在社区便民服务、居民健康生活、社区民主共治、邻里融洽生活等日常场景中。在便民的高频事项上推广数字应用,为社区居民提供个性化综合服务。高度重视居民健康生活,打造社区智慧微诊室,通过远程问诊、自助购药、基础医疗检测等服务,创新社区就医模式;推进"互联网+护理"模式,通过智能感应、健康监测、一键求助等物联网设备,赋能社区老年人综合照护服务。建立"社区在线圆桌会"平台,围绕居民关心的小区环境整治方案评议、业委会选举、物业服务评价等,定期开展居民议事、民主评事,激发多方主体广泛参与社区自治。建立社区居民线上互动平台,通过社区活动线上组织报名、居民闲置资源互换、专业技能分享、互助信息发布、兴趣社团组建等活动,营造"远亲不如近邻"的融洽社区生活氛围。

参考文献

一 著作

习近平:《之江新语》,浙江人民出版社 2007 年版。

习近平:《高举中国特色社会主义伟大旗帜　为全面建设社会主义现代化国家而团结奋斗——在中国共产党第二十次全国代表大会上的报告（2022 年 10 月 16 日）》,人民出版社 2022 年版。

邓小平:《邓小平文选》第 3 卷,人民出版社 1993 年版。

孙业礼:《共同富裕：六十年来几代领导人的探索与追寻》,载中共中央文献研究室科研管理部编《新中国 60 年研究文集》,中央文献出版社 2009 年版。

二 期刊、报纸

党秀云:《加快推进公共服务高质量发展》,《光明日报》2022 年 3 月 17 日第 15 版。

耿骞、胡海波:《数字治理赋能社会治理共同体建设》,《中国社会科学报》2023 年 2 月 8 日第 7 版。

胡静林:《推动医疗保障高质量发展》,《学习时报》2021 年 3 月 5 日第 1 版。

黄晓春:《党建引领下的当代中国社会治理创新》,《中国社会科学》2021 年第 6 期。

吕炜、王伟同：《健全与中国式现代化相适应的现代财政制度》，《人民日报》2023年3月21日第13版。

宋世明：《推进国家治理体系和治理能力现代化的理论框架》，《中共中央党校（国家行政学院）学报》2019年第6期。

王世琪：《"浙苗链"，疫苗安全一链管牢》，《浙江日报》2021年4月15日第1版。

习近平：《扎实推动共同富裕》，《求是》2021年第20期。

俞菀：《聚焦关键问题 回应百姓需求——浙江县域医共体建设之"变"》，新华社杭州，2019年4月12日。

袁家军：《忠实践行"八八战略" 奋力打造"重要窗口" 扎实推动高质量发展建设共同富裕示范区》，《浙江日报》2021年7月19日第1版。

浙江省卫生健康委：《扩容提质强发展 普惠共享促均衡 努力在高质量发展建设共同富裕示范区中展现卫生健康新作为》，《政策瞭望》2021年第7期。

浙江省卫生健康委员会：《持续迭代"健康大脑+智慧医疗"省卫生健康委集成办好看病就医"一件事"》，浙江省卫生健康委员会官网，2022年4月8日。

祝晓艳：《浙江："数字药监"推进药品"智管"》，中国新闻网，2021年8月26日。

后　　记

　　本书是中国社会科学院—浙江省院省合作项目"浙江省坚持高质量发展建设共同富裕示范区研究"的子课题："浙江省坚持高质量发展建设共同富裕示范区的基本公共服务均等化目标、路径和改革举措研究"的结项成果。浙江省作为中共中央确定的共同富裕建设示范区，在"十二五"时期和"十三五"时期已基本上实现了基本公共服务的均等化。对应实现共同富裕的要求，浙江在公共服务供给基本实现均等化的基础上迈向了高质量发展的阶段。

　　公共服务的高质量发展，一是在扩大投入的基础上根据居民需求的升级进行结构优化；二是在均等化的基础上实现全面共享；三是提升公共服务的供给效率，将公共服务的供给建立在可持续的基础上。浙江推动公共服务高质量发展的着力点，在目标上提出建立全生命周期的优质公共服务共享体系。在具体的政策实践上，着眼于提升供给效率，一是推动公共服务的数字化转型，充分利用数字技术、"互联网+"等提升效率；二是激发多个积极性，将政府、企业、市场、社会、家庭、个人融合在一起实现多元化的供给。

　　根据浙江的实践，笔者将书名定为《基本公共服务均等化与高质量发展的浙江实践》，总结和提炼浙江的经验，以期为其他地区扎实推进共同富裕提供参考。本书中大量用到了浙江在推动公共服务高质量发展建设共同富裕示范区过程中的政策文本、统计数据、地方案例等。这些资料有些在书中给了出处，有些因为是课题组成员在实地调研过程中收集的资料，没有给出明确的出处。在此进行说明。

课题组在浙江的调研得到浙江省委办公厅、绍兴市、义乌市等相关部门的大力支持，在此一并表示感谢。

本书是课题组的集体成果。课题组由中国社会科学院经济研究所公共经济学研究室与浙江财经大学—中国社会科学院大学浙江研究院共同组成。参与研究的课题组成员包括：

王震，中国社会科学院经济研究所研究员，中国社会科学院大学教授；童光辉，浙江财经大学—中国社会科学院大学浙江研究院执行院长、副教授；范建鏋，中国社会科学院经济研究所副研究员；杜江，中国社会科学院办公厅副研究员；唐瑶，浙江财经大学公共管理学院副教授；王庆，中国社会科学院经济研究所助理研究员；叶宁，浙江财经大学财政税务学院讲师；朱丹，浙江财经大学地方财政研究院助理研究员；李铮，中国社会科学院经济研究所助理研究员；何庆红，北京大学国家发展研究院博士后；李民，中国社会科学院大学经济学院博士研究生；向迪，中国社会科学院大学经济学院博士研究生；倪晨旭，中国社会科学院大学经济学院硕士研究生；胡植尧，中国社会科学院大学经济学院博士研究生；王辉，中国社会科学院大学经济学院硕士研究生；彭纪涛，中国社会科学院大学经济学院硕士研究生。

本书各章节分工如下：

第一章由王震、李铮撰写；第二章由范建鏋、王辉撰写；第三章由杜江、向迪撰写，第三章附录案例由彭纪涛撰写；第四章由何庆红、朱丹、倪晨旭撰写；第五章由王震、李民撰写；第六章由王庆、王曼玉撰写；第七章由李铮撰写。王震负责全书统稿工作。

课题组

2024 年 5 月